掌控

做一个不焦虑的爸爸

刘 峰◎著

人生

中国铁道出版社有限公司
CHINA RAILWAY PUBLISHING HOUSE CO., LTD.

图书在版编目（CIP）数据

掌控人生：做一个不焦虑的爸爸/刘峰著. —北京：
中国铁道出版社有限公司，2023.11
ISBN 978-7-113-30508-6

Ⅰ. ①掌… Ⅱ. ①刘… Ⅲ. ①家庭教育 Ⅳ. ①G78

中国国家版本馆CIP数据核字（2023）第163234号

书　　名：掌控人生——做一个不焦虑的爸爸
ZHANGKONG RENSHENG: ZUO YI GE BU JIAOLÜ DE BABA

作　　者：刘　峰

责任编辑：马慧君　　　　　　　　编辑部电话：（010）51873005
编辑助理：韩振飞　　　　　　　　投稿邮箱：zzmhj1030@163.com
封面制作：尚明龙
责任校对：安海燕
责任印制：赵星辰

出版发行：中国铁道出版社有限公司（100054，北京市西城区右安门西街8号）
网　　址：http://www.tdpress.com
印　　刷：北京联兴盛业印刷股份有限公司
版　　次：2023年11月第1版　　2023年11月第1次印刷
开　　本：880 mm×1 230 mm　1/32　印张：6.5　字数：135千
书　　号：ISBN 978-7-113-30508-6
定　　价：58.00元

推荐者的话

这是一本引人深思的好书。无论是处于职场中的你，还是渴望成为更好父亲的你，这本书都将是你的灵感之源。它不仅提供了实用的建议和技巧，更重要的是能激发你对生活深层次问题的思考。通过阅读这本书，你将领悟到掌握人生的关键要素，成为一个更加自信、坚定且不焦虑的人。他的故事将会鼓舞你追求内心平衡和持久的幸福。让我们跟随刘峰老师的足迹，一同掌控人生，迎接更美好的未来。

——卓境·效能教练创始人　顾敬松

这个世界会变得更好吗？似乎无人能提供答案，每个人都可能变得更焦虑。本书给了爸爸们一个思考的框架，刘峰用自己成长蜕变的亲身经历，从八个方面给予了读者们成长的营养。

——组织效能专家、经管作家　张　毅

这是一本"好爸爸"的成长手册，推荐给每一位爸爸和准爸爸学习！看完这本书，也许你会升级旧的思维，启动新的觉察，找到清晰的方向，掌握实用的方法。告别焦虑，就在当下通过阅读，成为更优秀的爸爸，建立更和谐的亲子关系，做更坚强的自己，过更美好的生活！加油吧！

——《懂得：影响你一生的DISC识人术》作者 俞 亮

步入30岁，面对职业和生活上的多重压力，很多人不堪重负。如果你也一样，邀请你来读一读这本书。从工作到育儿，从人际关系到情绪管理，从个人成长到团队管理，刘峰老师把种种解决之法倾囊相授，实操性强，极具启发性，能在你的人生奋斗路上保驾护航。

——《成为讲书人》作者 赵 冰

爸爸手中有方法，心中不焦虑。刘峰老师的这本书写的既全面又详细，只要爸爸们践行书中的方法，就会告别焦虑。本书从工作、理财、健康、人际、家庭、休闲、情绪、学习八大维度全面展开阐述，简单易操作，值得每一位爸爸细品。

——儿童学习力专家、亲子畅销书作家、亲子教育专家 魏 华

《慢养：给孩子一个好性格》的作者黑幼龙先生曾经说过："中国家长90%的养育难题，大多是因为太急了。"父母和孩子互相尊重、互相成长、不越界、不控制，如此方能养出真正健康快乐的孩子！

好的教育从来不是随波逐流，而是因人而异的"私人定制"。从DISC（Dominance指挥型性格，Influence影响型性格，Steadiness支持型性格，Compliance思考型性格）的角度来看，每个孩子都是独一无二的，都有自己的特点。比如，一个高C特质的孩子，考了99分，还会郁闷是哪里丢掉了一分；一个高I特质的孩子已经在庆祝刚好通过60分及格线。

孩子的成长是个复杂的系统，爸爸和妈妈是不可或缺的角色。

著名的心理学家格尔迪说："父亲的出现是一个特殊的存在，对于孩子的培养是有特别的力量的。"

如何才能做一个不焦虑的爸爸呢，我们总结了以下几点：

第一，自我修炼

父母是孩子的起跑线。父母的学习力、行动力和觉知力影响着孩子的成长。父母努力学习，践行终身成长，孩子就会潜移默化，未来的人生之路会越走越宽。

第二，构建有爱的家庭

工作和生活并非对立。作为一名培训师，我经常要出差授课或者录制课程。只要我在家，就会早早起床准备早餐，给妻子削好苹果，泡好柠檬茶。

爱是一种能力，懂是爱的基础。家庭的幸福源于夫妻的沟通。刘峰，DISC+ 社群 F44 期的毕业生，他的妻子是 F73 期的毕业生。像这样的夫妻档，DISC+ 社群已经有超过 140 对。他们通过在社群的学习而相知相爱，并且走上幸福的婚姻生活。

第三，提升陪伴的质量

我有一对龙凤胎，从陪娃的时间维度来看，妻子的陪伴时间肯定要比我长得多。但是，只要我在家，我都会留出一段时间，接送孩子上下学、讲故事、玩游戏，甚至帮女儿练功压腿；如果出差在外，在孩子睡觉前，我一定会和他们通视频电话，聊聊天，或者唱个歌；如果出差太久，我就会快递一些礼物。最让我感动的是，在不打扰我工作的前提下，妻子偶尔会带着孩子来培训现场为我加油。

第四，鼓励运动

生命在于运动，培养孩子健康的体魄，我认为应该放在第一位。体育运动能够让孩子更自信、更勇敢，让孩子在身体和精神上都有良好的发展。妻子常常带孩子去游泳、打羽毛球或者篮球等。刘峰的儿子也是一个运动小达人，不仅是足球校队成员，篮球得分后卫，跆拳道更是已经拿到了黑带。

所以，家长要鼓励孩子积极参与体育运动，当然也要身体力行，带领孩子们一起运动。

第五，阅读经典

对于孩子来说，阅读是一种巩固学习成果、丰富知识的有效手段，更是一次心灵洗礼和滋润的过程。大量有益的阅读，可以让孩子受益一生。我不反对一些有目的的阅读，但是，在孩童时期，不要为了考高分而阅读，而要鼓励孩子遨游在书丛中，领略广阔无限的世界。

第六，走读世界

其实就是多让孩子和大自然接触。人，作为一个自然界的生灵，就应该多到大自然中去沐浴和"撒野"。妻子在帮助小朋友探索、激发小朋友兴趣方面做得特别好。每年我们都会安排旅行，和大自然来个亲密接触，在出游过程中，还可以锻炼孩子的独立性和自主性，更重要的是还能帮助孩子建立多元价值观。

孩子的成长需要父母共同参与，父亲的角色和位置不可替代。不要让"忙忙忙"变成父爱"缺席"的借口、成为孩子健康成长的"拦路虎"。幸福的家庭大抵相似：妈妈被宠爱，爸爸被尊重，孩子被接纳。

凡事必有四种解决方案。焦虑，只是因为我们没有看到事情的另一面。放弃无用的焦虑，让自己拥有一个松弛、平稳的心态，帮助孩子找到最适合的路才是父母给孩子最好的教育。

这是孩子一生之幸，共勉。

李海峰

DISC+ 社群联合创始人

2023 年 9 月 16 日

序
言

　　人生的智慧千差万别，然而最为关键的一条箴言便是："凡事适可而止"。这句箴言道出了人生平衡之道，我们需要通过某种标准来衡量和把握这种平衡。

　　人生如同在跷跷板上行走，随着步伐的前进，难度逐渐增大，每一步都会带来新的挑战，平衡也变得更加脆弱。当人们处于高位时，往往已经开始走下坡路。这种"水满则溢，月盈则亏"的现象揭示了一个道理：所谓的高点并非稳固之地。经过多次努力，我们才发现，站在高处并不容易，往往需要他人的支持。也许是家人、朋友，甚至是曾经的"敌人"，他们都有可能在低谷时给予我们帮助。

　　工作与生活平衡是我们追求的目标，我们需要时刻保持警觉、维持自知，并及时做出调整。平衡并非一次改变或一个决定之后就一劳永逸，而是一个循环过程，也许并没有终点。尽管我们每天都无法做到完美的平衡，但在较长时间内实现阶段性的平衡，也能使我们逐渐迈向更加理想的状态。

　　为了更好地经营家庭，从 2018 年开始，我陆续参加了各种家庭教育课程的学习，并曾经接受正面管教创始人简・尼尔森博士的亲授。我还学习了父母有方、亲子沟通等一系列课程，并考取了家庭教育指导师等资格。在不断学习的过程中，我对"平衡人生"的理论越来越感兴趣。

过去十多年里，作为一名导游，我带着人们畅游各地，在游客面前介绍山川湖海、讲述美丽神话，却很少有和家人一起度过的黄金假期，那些时间都是我最忙的时候。2020年春节，特殊时期，我才有了和家人一起度过的第一个春节。

育儿是另一段平衡之旅。随着孩子的出生，为了寻求稳定的生计，我从一线导游转为内部管理。我曾自信地认为自己不会成为一个"唠叨的家长"，然而在孩子成长的过程中，我逐渐变得急躁，不自觉地伤害了他们。如何与孩子建立良好的沟通、培养他们的管理和学习能力，是需要不断探索的课题。在这个过程中，我逐渐认识到家庭是生命中最重要的支持，而家庭教育至关重要。

外部环境有时会改变我们的工作和生活方式。远程工作、灵活工作以及"混合工作"模式的兴起，都对工作和生活的平衡带来了新的考验和机遇。在这个快节奏、充满变化的时代，我们常常感到焦虑和无助，仿佛一切都失去了掌控。然而，正是在这种环境下，我们更需要找到平衡的方法。

从更广的角度来看，工作和家庭是我们生活中的两大支柱，而家庭教育又是其中的重要议题。作为一个父亲，我深知家庭在人生中的重要性。尽管男性在家庭教育中的角色可能有所不同，但同样需要用心去指导和支持子女的成长。我希望通过本书，传达正确的家庭教育理念和实践方法，帮助更多的父亲更好地理解和应对家庭教育中的挑战。

　　平衡的人生状态是正确的生活姿态。在本书中，我总结了多年来的思考和实践经验，探讨了生活的平衡和家庭教育的理念。逐渐调整的工作模式也使得工作和生活平衡的探讨变得更加重要。我将会分享我的理财经验、时间管理技巧、健康养生方法、人际交往心得、家庭和谐方法、休闲娱乐策略、情绪调节技巧、学习方法等方面的内容，希望能够帮助你找到自己的平衡点，更从容地面对挑战。

　　工作和生活的平衡是一个长期而动态的过程，需要我们持续的关注和关心。不焦虑的人生并不是一蹴而就的，它需要我们不断努力和实践。但只要我们坚定地朝着这个目标前进，付出相应的努力，最终会获得属于我们的平衡和幸福生活。

　　希望这本书能够在你的人生道路上为你指引方向、为你带来帮助和启迪。祝你拥有一个充满平衡、幸福和快乐的人生。

刘　峰

2023 年 6 月 10 日杭州

目　录

第一章　工　作 / 001

你的待遇合理吗 / 002

工作让人烦恼，该怎么办 / 006

不懂年轻人，怎么带团队 / 013

已经 30 岁了，转行还来得及吗 / 019

第二章　理　财 / 027

你真的没有财可以理吗 / 028

如何做好资产配置 / 037

30 岁以后如何为家庭构建抗风险体系 / 044

第三章　健　康 / 051

父母的健康怎么保障 / 052

拼命赚钱的你，健康状态怎么样 / 060

过了 30 岁，我们该如何做好精力管理 / 065

第四章　人　　际　/　071

　　如何向朋友借钱，才不会讨人嫌　/　072

　　30 岁之前，你该学会积累朋友圈　/　076

　　社交焦虑　/　084

第五章　家　　庭　/　091

　　平时工作忙，如何在有限的时间内做个"好爸爸"　/　092

　　如何培养自律的孩子　/　100

　　高质量的亲子关系有哪些秘诀　/　110

第六章　休　　闲　/　115

　　外出旅游，如何花小钱获得大开心　/　116

　　游戏互动，大人小孩都开心　/　124

　　陶冶情操，现在未来都开心　/　130

　　身心放松，如何慢下来　/　136

第七章　情　　绪　/　141

　　我们为什么总为情绪买单　/　142

　　职场上的情绪　/　148

　　成熟的人，从来不会输给情绪　/　156

　　怎样减轻焦虑　/　161

第八章　学　　习　/　165

　　30 多岁的你，如何避免短板发挥所长　/　166

　　该不该逼孩子学习　/　173

　　30 多岁了，应该从哪些方面提升自己　/　180

　　成年人如何高效学习　/　187

致　　谢　/　193

第一章
工　作

　　年过 30 岁，工作会带来一些问题和困扰，也会越来越具挑战。在竞争激烈的职场中，我们都在追求着更广阔的发展空间，期待获得更好的待遇和更高的职位；然而，工作中总有这样那样的烦心事，影响了工作激情，左右着我们的情绪；在机遇与挑战并存的时代，我们还要主动或者被动地面对转行的问题。

　　本章将探讨如何在工作中实现平衡，同时关注个人和团队发展，构建一个健康、有意义的工作环境，实现更和谐的人生。

你的待遇合理吗

随着社会的不断发展和变迁，人们对待遇的期望也在不断提升。在竞争激烈的职场中，职场人追求着更好的薪酬、更高的职位和更广阔的发展空间。每个人都希望得到"公平而合理"的待遇，特别是为工作投入大量精力和时间之后。然而，有时候我们会觉得自己的努力被忽视或低估了，工资水平与预期不符，因而感到困惑和无奈。这不禁让我们思考：我们的待遇是否合理？老板对人才的评估标准是什么？我们是否高估了自己对公司的贡献？待遇问题的核心究竟在何处？如何客观地评估我们的待遇水平？

也许现有的工资已经是好的安排

作为职场人，想要追求更高的工资，无可厚非。在从事人力资源管理工作的过程中，我也遇到过员工抱怨公司不公、没有理想职位和薪水的情况，可他们却没意识到自己的问题。当前的经济环境下，人效对于企业生存发展至关重要。如果我们没能把工作做到位，想要升职加薪，其实是挺难的。

一则研究表明，企业实际支付的工资并不等于员工感知到的工资水平，实际工资与员工感知工资之间存在较大偏差。同时，对于工资高低，不少人秉承着"不患寡而患不均"的思想。如果你觉得现在的工资和面试时描述的不一样，那就积极调整心态，尽快融入、积极提高。比如踊跃参加公司培训，通过读书提升自己。所以，为避免乌比冈湖效应，我们需要站在更高的角度去关注自身价值和自我发展。

让自己变得更有价值

一个员工，如果名不副实，即使当下薪资高，迟早有一天也会失去所得。一个能力强的员工，哪怕当下的工资不高，迟早有一天会获得更高的收入。所以，让自己变得更好才是解决问题的关键。我们换成投资人或者老板的角度来思考这个问题：众所周知的一个企业——京东，即使它暂时亏损，也还会有很多人愿意投资。为什么？因为它有自身价值。企业如此，企业中的个体亦是如此。我们为企业工作，收到一笔相应的劳动报酬，这属于价值交换。工资就是肉眼可见的收入。

另外，还有隐形的收入。比如，这个月和上个月做着同样的工作，但是这个月，因为自己掌握了一些新的技能、工具，更高效地完成了任务，这何尝不是一种收入？把事情做得比上个月更完美，得到领导的夸赞和赏识，难道不是隐形的收入？

只有自己变得越来越有价值，待遇才可能会越来越高。有一天，当我们能为企业创造巨大的价值时，职位和待遇自然都会升上来。

理解薪酬体系

其实加薪不是针对一个员工的，它涉及公司运作的整个系统。加不加、加多少，是按照系统的标准来执行的，而这个标准，就是公司的薪酬系统。像互联网公司，内部分"专业"和"管理"两条线，也就是两个评价系统，分别是 P 系统和 M 系统。每条线的薪酬，都是按照若干级别来划分的。从最低的 P 到最高的 P，每一级能拿多少，最多拿多少钱，都写得非常明白。每一个职级对应着特定的要求，可以提前判断一下自己是否已经能力相当。当你了解了薪酬系统以后，就能够知道自己这一级能拿到多少钱了。

◎ 总结

对很多人来说，工资不仅是生活的经济支持，更是对自己价值的认可和肯定。当我们付出了努力，取得了显著的成绩，却发现待遇并未随之提升时，内心的失落和不满无法掩盖。我们开始怀疑自己的能力和价值，质疑公司对我们的认可程度，随之而来的是一系列困惑和挣扎。然而，待遇问题并不是单方面的问题。我们需要从更广阔的视角来审视，深入了解其中的因素和影响。只有这样，我们才能更客观地评估自己的待遇是否合理，寻找到解决问题的路径。

让自己变得更好是解决问题的关键，让自己变得"值钱"就是解决待遇是否合理的关键。当我们越来越有价值时，收入自然会不断提高，必能收获相应的报酬。

工作让人烦恼，该怎么办

职场中有很多烦心事，无时无刻不在影响着你的工作，左右着你的情绪。其实，让你心烦的可能不是事情的大小，而是工作没有乐趣和成就感，或者没有获得足够的尊重与认可。

在我看来，解决的策略有三条，总结起来是：盘、攒、打。

"盘"

盘，即盘点。某些人觉得工作心烦，是因为对工作缺少兴趣。有些应届毕业生因为觉得自己没有"谈判"的资本，当有一个工作机会放在自己面前时，就会先"将就"一下。然而，进入公司后才发现，并不是自己喜欢的工作。所以，找工作之前的"盘点"就变得非常重要。

首先，盘点出三件让你很有成就感的"被需要"的经历。想想别人为什么会想到你，你又是怎么帮助他们的？这个问题的本质是在探寻个人的优势赛道，也是从事一份工作最重要的底气，是完成工作所需要的素质。

某创始人著名的"三叶草模型"，展示了理想职业的三个要素——兴趣、能力、价值。三个要素都满足，称之为"完美职业"。

①兴趣——对工作有兴趣，就会觉得新鲜、有意思，同时也会带来快乐。当你刚到一个新的岗位时，这种感受通常会更明显。

②能力——能够胜任本职工作，当公司的要求和自身的能力相匹配时，就会让自己获得一种成就感和掌控感。

③价值——如果通过工作能够让你得到想要的物质回馈和精神回馈，你就会有一种充实感和满足感。

"三叶草"就像是一个有三个叶片的螺旋桨，只有当三个叶片协调运转时，才能产生前进的动力，让人生的航船乘风破浪地前行。如果其中的一个叶片卡住，螺旋桨就无法正常运转，于是就会出现各种问题，我们可能会产生职业倦怠、焦虑、失落等情绪。

其次，盘点适合自己发展的公司。我们可以从商业模式、组织架构、制度流程、企业文化等维度展开，盘点公司是否适合自己。

商业模式：公司的商业模式是否符合自己的职业规划和兴趣，是否有足够的市场竞争力和发展空间，以及公司的盈利模式和未来的发展计划是否清晰。

组织架构：公司的组织架构是否合理，是否有明确的岗位职责和工作流程，以及公司的人才战略和员工培训是否完善等。

制度流程：公司的制度流程是否规范，是否有完善的管理制度和业务流程，以及公司的财务管理和风险控制是否专业等。

企业文化：公司的企业文化是否符合自己的价值观和职业追求，是否有良好的团队合作和沟通氛围，以及公司的品牌形象和社会责任是否明确等。

在盘点时，可以结合以下工具进行分析：

SWOT 分析法：通过分析公司的优势、劣势、机会和威胁，使我们了解公司的内部和外部环境，从而帮助我们做好决策。

五力模型：通过分析公司所处的行业竞争格局、供应商和客户的议价能力、新进入者的威胁以及替代品的威胁，帮助我们了解公司所处的市场环境。

价值链分析：通过分析公司的价值链，了解公司的核心业务和附加价值，以及各个环节的成本和效益，从而弄懂公司的运营和管理模式。

文化分析：通过分析公司的文化和价值观，了解公司的使命、愿景、价值观以及公司的管理模式和员工福利等，从而确定公司是否符合自己的职业追求和价值观。

综上所述，从多个维度进行盘点可以更全面地帮助我们了解企业的情况，结合适当的工具进行分析，以便我们更好地做决策，制定个人职业规划。

最后，还需要盘点这个行业和领域未来的发展空间。任何行业都有发展周期，顺势而为，方为上策。近年来，某些行业"颠覆性"倒下，让我们意识到大势之重。

"攒"

"攒"即积累。工作的烦恼，可能是来自领导的批评、工作出现的失误、怀才不遇等。我们可能在某一次和经理或同事大吵一架后，觉得这个工作实在是糟糕透了。烦恼是积攒起来的，消除烦恼的方法也如此，那就是在工作过程中不断为自己"攒"一些正向的能量。

我和儿子分别有一个玻璃瓶，叫"成就瓶"。我们约定，每当自己取得一些小成就的时候，就打开"药丸"字条，将成就事件写在纸条上，放入成就瓶。日积月累，儿子的成就瓶已经装满了小半瓶。这是我和他一起坚持的习惯，是一个为自己积累"能量"的过程。

　　"感恩卡"是我常常使用的秘密武器。在公司内训时，我鼓励同事将对老师的感恩写在卡片上，当我将承载着大家满满爱意的卡片交给授课老师时，他们都很感动并且拍下来发到朋友圈；在外参加课程学习时，我也会将自己在学习过程中的收获和对老师的感谢之情写在信中发给老师，而且选择特别的时间点，比如：5点20分、13点14分。

　　我特别喜欢朋友外出旅行时给我寄回的明信片，虽然只有短短的数句问候，但比送我特产更有价值。有一位曾经的下属一直记得我的这份喜好，所以她每次外出旅行时，都会给我写明信片，满满的感动。

　　我的"盖洛普优势"中最突出的能力就是"和谐"。近几年来，我通过自己所掌握的知识和技能帮助一些来访者解决了他们的困惑，将所学分享给别人，让他人从中受益。每当他们给我发来正向的反馈，我都会截图保存。收到积极正向的反馈，对我来说是最滋养的一种力量。我非常尊重的一位老师给我发了个红包，还留言：给我一个刘峰，我就能撬动整个地球。收下红包表达感谢的同时，我截图保存；在接受我的旅游服务后，学长在群里为我摇旗呐喊、啧啧称赞，我截图保存，并跟上一个红包以示感谢。

　　不管是在工作中，还是在生活中，随着日积月累，这些就是独属于自己的"能量库"。当遇到挫折、感到沮丧的时候，能量库就像有魔法一样，翻着翻着，就能点燃自己。我还发现，家人的肯定与赞美，也是具有巨大威力的能量。所以，自从接触"爱的五种语言"这个话题后，我就开始以爱的五个维度作为积累能量的一个工具，着手收集这方面的"能量"。只要找到能激发你的能量，并且持续积累，终有一天，这些能量可能会像食物一样重要。

"打"

打，即"打仗"。如果感觉最近工作让你很烦心，那可能是你的团队已经很久没有体验那种打胜仗的感觉了。在漫长的职业生涯中，我们需要通过一场场的胜利，让我们重拾信心、重获激情。如果你和团队做成了一件又一件事，实现了一个又一个目标，一起熬过夜、一起拼搏过。我相信，是不太会感到烦恼的。

经过几年的磨炼，我带旅游团时导游词可以不经大脑就蹦出来。慢慢，我对带团就少了一些激情。所以，我就开始去参加行业内的大赛。从 2011 年开始，我连续几年参加了省级、市级的导游大赛，并获得了"杭州市金牌导游""浙江省优秀导游""中国好导游"等称号。

在这个过程中，我不仅能力得到了质的提升，也找回了工作的激情。而一起"打仗"（比赛）的伙伴们，大家成了最亲密的朋友。

当职场中有一群志趣相投、能量满满的伙伴一路相伴，自然就不会对工作产生厌烦的情绪。在自己能量低的时候，伙伴们也会来鼓励你、支持你。一份工作从最初的热爱到厌烦，也许缺的就是那份好久没有打胜仗的感觉。

◎ 总结

在面对烦心的工作时，可能很多人会选择逃离，但是，逃离并不能真正解决问题。

当出现工作倦怠时，不管是调整岗位还是改变自己，都是为了增加成就感，让自己的心态积极起来。在这个总原则下，你可以考虑转移兴趣，给自己充电。但万变不离其宗的是要切实感觉到自己的成长。

希望通过"盘""攒""打"三个心法，能够帮助你重拾对工作的激情。

不懂年轻人，怎么带团队

2013 年，我走马上任成为部门主管，管理着公司最大的一个部门——导游中心，人数在 120 人左右。我原本只是该部门主管的助手，因为部门主管离职了，我就这样被推到了管理岗位。和很多公司的人才选拔差不多，因为我的个人业务能力还不错，再加上一些时间的沉淀，就顺理成章地成了部门主管。后来的经历告诉我，自己做工作和管理团队，这当中隔着一条马里亚纳海沟。

回忆起那几年的管理经历，我想到的是："我本将心向明月，奈何明月照沟渠。"为了尽可能做到让各方满意，往往自己会牺牲很多，到头来却还是落得个吃力不讨好。那段时间，我焦虑、失眠，身体也每况愈下。就这样，我在管理岗位上跌跌撞撞干了 4 年。每天都疲于处理业务员、游客、同事、下属之间的各种事情，试图用勤奋来掩盖自己管理上的笨拙。

认识自己是发展自己的前提

2017年2月，对自己职业生涯发展充满迷茫的我，漫无目的地刷着朋友圈，看到了同是国家高级导游的一位老师发了一篇软文，配字：凡事必有四种解决方案。

面对当时的困境，一种解决方案都想不出来的我，对这句话产生了浓厚的兴趣，于是就点开了链接，认真拜读了文章。

文章中，课程的授课导师分享了这样一个故事：有一个年轻人非常聪明，做事雷厉风行，事业一帆风顺。但是到了一定高度后，每次处理事情遇到"弯道超车"时，就控制不了自己的节奏，把油门当刹车，然后翻车。直到有一天，他来到深山老林，偶遇白胡子道长，道长给了他四字箴言：事缓则圆。于是，年轻人开始变得沉稳，遇到大事不慌，顺利过了几个"弯道"，成了成功人士。

假如你是那个年轻人，听到"事缓则圆"，觉得有用吗？答案是：不一定。每个人的行为都具有自己的倾向性，他人给的建议都是基于他自己的经验。而对于我们，一定要了解自己，才能更好地发展自己。

学习 DISC，可以让我们更好地了解自己和他人的行为风格，使用对方能够接受的方式和对方进行互动，从而达成我们想要的目标。"懂是最好的爱""凡事必有四种解决方案""DISC 提升人际敏感度""让人生有更多的可能性"……每一句都击中当时感到无助的我。在深入学习 DISC 以后，我不仅解决了很多冲突与困难，还得到了升职加薪，从导游中心主管到导游领队中心主任再到企业大学的校长，一路成长起来。

理解他人，是激发他人的基础

一个人在职场上工作三到五年，该掌握的知识、经验、技能其实都已经基本掌握了，有些人可以得到快速晋升，这是为什么？其实就在于人际敏感度，它决定了你和上司、同事的关系，你和下属、客户的关系。

DISC 是一套科学的理论模型，基于真实场景运用，是提升人际敏感度的简单有效的工具。根据关注人还是关注事、节奏快还是慢这两个维度把人分为 D、I、S、C 四种不同的行为风格。

D 代表 Dominance，是指挥型，拥有这种行为风格的人，关注事、节奏比较快，而且目标非常明确、关注结果。

I 代表 Influence，是影响型，拥有这种行为风格的人，关注人、节奏比较快，善于调动氛围、风趣幽默。

S 代表 Steadiness，是支持型，拥有这种行为风格的人，关注人、节奏比较慢，乐意配合、善于倾听。

C 代表 Compliance，是思考型，拥有这种风格的人，关注事、节奏比较慢，思维严谨、追求卓越。

在职场和生活中，我们常常遇到无法沟通的人，不是他们不讲道理，而是我们不懂得如何沟通。记得有一次，一位导游被游客投诉，我习惯性地按照自己的方式去处理：先从外联处了解游客的投诉理由，再联系导游本人。联系导游时，开始没提投诉的事，而是先寒暄一阵，最后才委婉地提及游客投诉的事情。沟通了一会儿后，电话那头的导游说："峰哥，我知道怎么做了。"挂完电话，我还在得意自己"高超"的沟通技巧，却发现他发了一个朋友圈，配文：道理我都懂，但是"宝宝"就是不开心，谁来给我讲个笑话听？

那一刻，我突然意识到，从知道到做到，中间还有很长的距离。很多伙伴可能会说，早就听说过 DISC 理论了，但是，如何真正做到从他人角度出发，用对方接受的方式和习惯去沟通，先传递出"我懂你"再进行有效沟通，这条路需要不断地探索。

在"懂人"这条路上，我凭借着对 DISC 理论的深度学习和运用，已经有显著成效，我也成了这套理论的传播者，在各种场合为 DISC 加油。愿你也可以通过对这个工具的学习与了解，在独处时能照顾好自己，获得内在的幸福感；相处时照顾好别人，对外获得好人缘；用自己的能力获得幸福快乐和成功。

一代人不同于一代人，但是共通的是人性

网络上有一篇文章，是这样描述"80 后"的："80 后"，一批出生在 1980—1989 年的人，如今已经 34 ～ 43 岁。在企业中，或许他们正在管理岗位上打拼。"80 后"压力很大，有些人生活中有房贷、车贷等着还，一边不让孩子输在起跑线，一边赡养好几位老人。

其实，一代人有一代人的使命，一代人有一代人的担当，一代人也有一代人的"长征路"。在这个快速变化的时代，据说代沟变成了三年一代沟，既然变化这么快，那有没有什么对每代人来说都是不曾变化的呢？

不管是哪个年代的人，在企业中都要遵从人性去设计制度、流程和激励方法等。常言道，管理付出，不如激发投入。如果我们想要激发员工的投入，我们就要满足人性的需要。

在参加"剽悍江湖"的课程学习时，老师有一句话对我启发很大。他说："被重视、被鼓励、被夸奖、被理解、被支持

是你的刚需，也是别人的刚需"。我也在管理过程中，去践行
这句话。

有一次，我组织公司的高管团队参加一门领导力的课程学
习，其中有一个欣赏感激的演练环节，我邀请董事长坐在舞台
上，背向观众，其他管理干部轮流对领导说出感激的言辞。结果，
这位每天都笑容满面的老板竟然当场热泪盈眶。

在一次新员工培训项目中，我借助"圆桌会议"的契机，
提前准备好玫瑰花，邀请大家领一枝玫瑰花，然后走到想要感
激的伙伴面前，说出自己对"TA"的感激之情。起初，伙伴们
还有些羞涩，但是伴随着有一两个伙伴起了很不错的头之后，
整个现场气氛也被点燃。最后，大家都敞开心扉，对给予自己
帮助的伙伴送上了感谢之辞。

◎ 总结

《人性的弱点》一书说："你对别人的赞美，他们会牢记
在心，终生难忘，就算你已经把这样的话抛在脑后。"

带好团队的秘籍，就是发自内心地去欣赏和感激他们。每
一次沟通都能从欣赏感激开始，这个团队的激情一定会被点燃。
不管是"80后""90后"，还是"00后"，部分个体的行为，
无法代表这个阶段人群的整体。比如"00后"，有人"整顿职
场"，也有人在努力适应职场。我们要避免一叶障目，多一些
全局视角。尊重每个个体，因为每个人，都是这个世界上的独
一无二的个体。

已经 30 岁了，转行还来得及吗

在漫长的职业生涯中，转行也许是一次转变。有人说，"转行"代表着对希望和梦想的追求，收入也可能会增加。然而30+ 岁再转行，似乎更需要勇气。如果仅仅是冲动行为，没有了解清楚就贸然做决定，最终只会让希望破灭，让自己身处尴尬之地。

所以，转行前要问自己几个问题：

我为什么想要转行？什么触发了我这个念头？

我现在的工作做得如何？是遇到瓶颈想要回避，还是我真正热爱另外一件事情？

我期望通过转行获得什么？当我进入新的领域之后，会一直热爱吗？

不要被迫转行，要随时提高抗风险的能力

如果有意转行，提前充分了解目标行业的基本情况是非常必要的。比如，目标行业的一天是怎样的？工作内容是什么？

能为他人带来什么价值？是否容易被时代或者人工智能所替代？等等。

在决定之前，还可以利用业余时间学习相关知识，考取相应的证书。这样做的好处是：一方面为求职做准备；另一方面也是看自己是真心喜欢，还是一时兴起。如果跨过了这关，转行的准备也就差不多完成了。

前几年，我身边的朋友常说想去考个导游证，因为有了导游证就可以全国各地免费旅游。其实，如果他们再深入了解就会发现，现在对导游免费开放的景点实在是少之又少。只有在带团的时候才可以凭借旅行社出具的计划单和导游证免费进入景区。如果是地陪工作，基本上就是在某个城市或者某条旅游线路上，常年迎来送往各地游客。

如果没有转行的打算，可以多尝试不同的岗位，在现有领域不断提升和沉淀自己。

2008年，我进入旅游公司。最初，我是一名华东线的导游，在江浙沪年复一年地接待来自五湖四海的游客。2011年，我开始接触会展，成为会展部经理，承接大小会议；2013年，我走上公司的管理岗，成了导游部门的主管，管理着120多个导游；2015年，公司出境业务逐渐壮大，我成了导游领队中心的主任；2019年公司成立企业大学，我又成了企业大学的校长。

在公司内部转岗，是非常难能可贵的选择，而且有很大的优势。比如，公司领导没有变，对自己的信任一直都在；虽然转换到不同的岗位，但是长期互动的同事和客户经过多年相处，彼此都很了解，更容易获得大家的支持。当然，看似顺利的转岗经历，其实并非一帆风顺，挫折与挑战随时都在。担任管理岗的那段时间，由于缺乏领导意识和领导能力，不懂得如何带团队，我一度陷入焦虑、无助的情绪中。

无论是转行还是转岗，不要成为被迫的那一个。只有做足了准备，才能更好地抓住机会。居安思危是职场人必备的思维模式。我们常常听到"架构优化"和"人员优化"，这也成为很多企业的求生策略。但也有不少个体抓住了机会成功转型。回看这些人的故事，我们发现：无论你目前在哪里，永远不要停滞不前，要跟上时代的步伐。

我是这样认为的，也是这样践行的。2017 年开始，疯狂学习成为我的常态。我因此收获了不少版权课程的认证，也通过比赛获得了一些培训行业的证书。当 2019 年公司成立企业大学时，凭借先进的培训理念和踏实肯干的精气神，我成功转岗为企业大学的负责人；董事长提出"苦练内功御寒冬"的口号，我通过培训输出，在公司和行业内作了很多的贡献。

近两年，我之前学习到的关于直播间搭建、直播运营等经验派上了用场，我为公司搭建直播间、整合目的地特色旅游商品交易平台、策划执行线上直播带货，在线下转线上的过程中，帮助公司实现了产业升级。

提前学习的知识和技能，转化成了对公司有用的力量，让我大大增加了对抗风险的能力。30～35 岁，是职场发展的重要阶段，它不仅决定着一个人能在职场上走多远，更决定着人生下半场是否闪耀。只有那些自我颠覆、主动求变、勇于冒险、敢于担当的人，才能脱颖而出，收获更精彩的人生。

人生的每一步都有其意义和价值

《个人品牌创业之路》一书说："用原行业的经验和势能，进入另一个上升的行业，打造一个靠谱的公司，这是一个好的创始人应该面对的挑战。"换行业，从某种意义上来说，就是重新出发。在新的领域学习新知固然重要，但是能把自己原来所在领域的技能迁移到新领域，形成叠加的优势，才是成功人士在很多领域做到第一的秘密。所以，不要被"隔行如隔山"这样的话吓到，任何工作都有可以迁移的能力。我们把做成一件事的一系列知识技能叫作能力，而能力分成三个部分：知识、技能和才干。

知识是这个领域的专业信息、概念和做事情的流程，可以通过学习积累而来。比如我做导游时，所涉猎的历史文化、名人典故就是我们必须掌握的知识。同时，导游会接触各行各业的游客，所以什么知识都得略懂一二，才能找到更多的共同话题。

技能是指我们能熟练操作和完成的一系列动作，通过训练而来。新导游和老导游最大的区别，就在于能否通过娴熟的技能将游客的吃住行、游购娱完美协调好，保证游客乘兴而来、满意而归。如沟通谈判、结构思考、数字计算、语言表达等，这些都是很多行业通用的必要技能。

才干是我们通过大量练习，内化到无意识使用的技能、品质和特质，是先天天赋和后天大量练习的结合，可以通过大量训练，从技能内化而成。比如乐观的精神、幽默风趣的语言，都是一个好导游给游客留下美好回忆的关键。关键时刻的决断力、一流的洞察力、个人魅力等，也是那些行业翘楚无一例外都拥有的才干。

在获得知识的同时，还拥有底层的技能和才干，就可以在很短时间集中耕耘一个新的领域，快速成为这个领域的高手。2020 年后，不少优秀的旅游人转行，他们一样可以短时间内在别的行业做得很好。我的师傅就是其中的代表，他全力进军新媒体领域，打造抖音号，短短两年时间，就成了拥有 1 300 万 + 粉丝的大 V。

我们经常说隔行如隔山。其实真正相隔的，只是最基础的知识部分，越往上走，运用的能力、才干都越来越接近，越来越具有可迁移性。当理解了能力的三个部分，就会发现：只要曾经在某一个领域努力深耕过，我们所提升的技能和才干都不会白费，都可以迁移到未来。

根据你的需求，选择城市去成事

我们一生中至少有三次选择城市的机会：外出求学、职场奋斗、告老还乡。这三个节点，人们都会重新考虑生活的城市。然而，三个不同的年龄阶段，适合我们的城市还真是有所不同。

二十来岁，大部分人刚刚结束求学生涯，步入职场。这个阶段，建议去大城市、去行业人才最集中的城市发展，这是学本领的最好时间。大城市机会多，领域高手也多，多和他们学习交流，成长的速度会很快，也能更好地追求理想、施展抱负。

时代发展到今大，很多城市都在打造独特的标签，比如做电商、做直播，会想到杭州；做金融，可以去上海；要是做互联网，可以去北京的中关村。实践也证明，这样的集群式发展，更有利于吸引人才、打造品牌，形成产业规模。

具有关报告显示：2021 年，北京、上海、深圳、广州稳居中国最具人才吸引力城市前四。2021 年应届生和硕士及以上人才，将简历投向一线城市的占比分别为 20.7%、30.0%，硕士及以上人才更倾向在一线城市集聚。

如果你已经步入职业的发展期，随着能力的增强，也许已经是不错的专业人士。然而，人在 30 多岁数时，生活压力会逐渐变大。此时，我们不妨问问自己——有没有一个城市，让我们的才华有更大的发挥空间？或者在保证收入的情况下，哪个城市能降低生活成本？

很多城市创造了这样的机会。上述报告里提到，除了杭州，成都、苏州、南京、武汉、长沙等城市也成为人才流入的好选择。它们在吸引人才方面，各有优势。成都经济发展活跃、创新产业发达，并且"筑巢引凤"吸引人才；苏州经济实力雄厚、离上海近、区位优势明显；南京高技术产业发展迅速，落户政策宽松；武汉"学子留汉"政策实施效果好，落户门槛宽松；长沙生活成本低，文娱产业繁荣。

也有不少自由职业者，因为有了自由办公的便利，甚至选择四五线城市，花较少的钱就能买套房子，大大降低了生活成本，还提升了整体幸福度。过去交通不便，也许一辈子都只能待在一个地方工作、生活，但今天，我们有四通八达的高速网络，还有各种交通工具。空间对我们的限制会越来越小。人的一生，不同的阶段处在不同的外部环境，最重要的是认清自己当下所处的阶段。想明白了这点，就能有助于我们去更好地做抉择。

此心安处是吾乡。是否换城市，把这个选择交给你的内心。心安，就是最好的选择。

◎ 总结

每一朵花都有自己独特的花期，每个人都有自己的成长节奏。在花期里，必然会遇到自然给予的诸多考验……春天的花会遇到倒春寒的袭击、夏天的花可能会遇到旱或涝、秋天可能需要忍受寒潮的奇袭，以及很少有花儿在冬日绽放。

自然界中花盛开的地方，往往取决于它的种子，上一代的花朵用尽一生的力气，将种子传递出去，有可能这颗种子恰好落在了自然条件非常优越的土壤。但是我们也看到过石缝里生长的花草，它们靠着自己的坚忍不拔顽强生存下来。

有些人会因为追求速度而降低对自己的要求，认为时间就是金钱，只要抓紧时间，便能在最短的时间内达到目标。但是，我们需要知道，成长是一个渐进的过程，需要时间和耐心。我们需要根据自己的情况来规划成长步伐，并在不断前进的同时，保持对自己的要求和期望。

降低对自己的要求会让我们失去对自己的信心和动力，我们会变得越来越懒惰和消极，最终失去前进的方向。相反，如果我们保持对自己的要求，不断学习和提高自己的能力，就能够更好地实现梦想和目标。

　　总之，按照自己的节奏来成长，不降低对自己的要求，这是我们在成长过程中需要时刻牢记的。只有这样，我们才能够更好地实现自己的梦想和目标，成为一个更好的自己。

第二章
理　　财

理财不仅仅是财务管理，合理的财务规划和资产配置，可以帮助我们有效地管理和规划自己的财务状况，让我们能够更好地规划未来、追求梦想并创造更有意义的生活，更能自主地掌控自己的人生。

本章将探讨理财思维、如何做好资产配置以及如何构建家庭的抗风险体系，为家庭成员提供更好的经济保障和财务自由度。

你真的没有财可以理吗

人到中年，可能消费剧增，收入却不见涨。工资到手，各种固定支出后，所剩无几。再加上如果没有理财意识，会导致"你不理财、财不理你"的恶性循环。有句老话："吃不穷，穿不穷，算计不到一世穷。"生活中的这种"算计"，实际上也是在理财。

许多人常常以"无财可理"为由拒绝理财。究其原因，是不会理财。其实，每个人都有着很大一笔可利用的财富，只是我们不知道如何善加利用而已。

理财思维的启发

2019 年 9 月，我参加了"剽悍一只猫（猫叔）"社群的"剽悍个人商业进化营"。结营前的最终考核任务是"卖课实战"：学员需要在规定的时间内，完成一场实战课程"销售—交付"，最后以销售业绩来决出冠军。

通过三天的销售实战，我和一位来自合肥的理财教练在销售单价和课程购买人数上不分伯仲。我信心满满，因为我还有一些平时互动更为紧密的"铁粉"资源没有调动。很快，我的销售人数超过对方50余人，我感觉胜券在握。

然而，最终的销售业绩对方远超于我。我的销售模式是："开发课程—销售—交付—完结"。而对方却在交付的课程中，又嵌入了一个客单价高于当时交付课程20倍的中阶课程。她在课程里埋下了一个钩子，用专业的理财见解征服了对理财感兴趣的伙伴，并在分享结束前顺势推出了自己的中阶课程，最终成交了20余单，连我自己都没忍住下了单。最后，她的总销售额超过我近万元。

这次比赛，我输得心服口服。她在销售模式上，摒弃了传统的单一产品销售模式，嵌套了更高阶的课程。她的课程给了我很多启发：

一是，她的基础课程让我看到她在理财方面的专业积累，内容通俗易懂、接地气；

二是，她的课程服务设计贴心，听众感受良好，愿意继续听下去；

三是，她对理财的理解，让我醍醐灌顶，自然而然向她靠近。

她说："既然每个人都要学习理财，那为什么不早一点学习和掌握呢？"这句话让我醍醐灌顶。从那天起，我开始关注理财知识，尝试通过理财知识去规划自己和家庭的财富，让自己不再慌慌张张，而是能坦然面对收入、支出和结余的波动与变化。

获取财富

获取财富需要一个过程，不能总想着某一天突然变得富有。个人的财富发展一般可以分为三个阶段：

第一阶段是财富积累期（20 ~ 35 岁）。从步入社会到成家立业，从没有阅历、没有资本到事业稳定、收入稳定，这个过程就是积累财富的过程。

第二阶段是财富配置期（36 ~ 55 岁）。当财富积累到一定程度，有了足够的资本、经验和人际关系网络，接下来就是利用这些资源来进行合理配置，从而扩大自己的财富。

第三阶段是财富消耗期（55 岁之后）。这个时期，人体的各项机能开始走下坡路，收入渐渐下降，而在医药、养老支出上需求会扩大。

如果你现在还在财富积累期，那恭喜你，从现在开始理财吧。如果我们不从现在开始积累财富，赚到钱就想着如何奖励自己，即使再过十年，我们的储蓄可能仍然是那么一点，甚至有可能出现入不敷出的情况。

所以，在财富积累期阶段，如何有效地赚取收入、快速积累，也是一门学问。积累财富都有哪些方式呢？我身边有这四类人：

小 S，在一家公司上班，拿固定工资，为别人工作。

小 I，自己开店铺，但收入有限，每天来来回回忙个不停。

小 D，拥有自己的公司，有一群优秀的员工，主要任务是开会、定目标，让别人为他工作，通过建立系统，带领团队来创造收益。

小 C，一名投资者，熟悉市场规律，能够做好风险把控，会投资优质的企业获取投资回报。

小 S 和小 I 都是通过用自己的劳动力挣钱，每天辛辛苦苦、忙忙碌碌，财富的积累却有限；小 D 则让团队伙伴帮自己赚钱，自己负责制定目标和制订计划；小 C 更加不一样，他通过投资让规律和钱为自己赚钱。

综上，我们不难发现，收入的形式可以划分为主动收入和被动收入。

主动收入，就像每天提着水桶去打水，一旦停止，就没有水可以喝。这是用时间和劳动力去换取金钱，如果停止工作，就停止了收入。

被动收入，就像建好了水渠，让水顺着水渠流到家里，需要喝水时，随时都可以喝到。这是用渠道和前期投入的钱去赚钱，相对来说容易获得持续而稳定的收入。

如果要积累更多财富，单靠主动收入是很难的，还需要增加被动收入。所以，获取财富也要有方法。

会花钱才是智慧

获取财富有方法，花钱也有方法。

花钱体现智慧，最重要的是能正确区分"投资"与"消费"。某著名大学的第一堂经济学课，只教两个概念，其中一个概念就是：花钱要区分"投资"行为和"消费"行为。

在 DISC+ 社群，我认识了一个专业的理财教练。初入社会之时，他每个月只有 600 元的实习工资。他算了笔账，如果要在北上广买上一套房，需要 200 年。2010 年毕业后，他成了一名"北漂"，每个月收入 3 000 元。为了省钱，他租了一个偏僻的房子，每天上下班需要通勤 5 个小时。他想要改变自己的生活，开始投资自己的头脑。三年后，他赚到了人生的第一个 100 万元。

正当日子慢慢变好时，爸爸查出食管癌晚期，他花光了所有的积蓄。人生低谷再出发，他通过系统学习经济学、金融学、投资理财等方面的知识，实现了人生的大逆转，转战知识付费赛道，成为培养他人财富思维的理财教练，用知识赚钱，并教会他人获取财富。

如今他是一位 5 岁孩子的爸爸，是财经博主，是私人理财教练，更在北京和其他城市拥有房产，拥有雄厚资产。他的经历，就是一个精彩的"花钱"故事。只不过，他大部分花的钱，都不是消费，而是投资头脑。那么他是如何投资头脑的呢？

首先，知识在哪里，财富就在哪里。提升思维，读书是成本最低最快捷的方式之一。读经典理财书籍，他找到了打开理财领域的钥匙，也认识了商业、金钱和理财的意义。

其次，进行系统学习，向成功的人士和案例学习。他系统地学习经济学、金融学等知识，并持续跟随金融专家的脚步，进入付费学习圈子，同时深入研究国内外经典的投资案例，取得基金定投好成绩。

再次，当他发现一些市场机会的时候，主动将自己的利益分割出去，聚集起朋友抱团成长。

在他的成长经历中，我们看到了花钱的智慧。如何"花钱"，在很大程度上决定了未来财富的多少。在财富有限的情况下，花钱投资自己的头脑是最好的一种方式，投入回报比较高。当然，我们也要谨防变成"高认知的'穷人'"：每年花很多的钱投资自己，但是也没获得更多的收益。有两种可能：

第一种，以为的认知可能根本不是认知。我们通过读书、看文章、刷短视频，可以获得一些所谓的"高认知"，其实大多只是碎片化的信息。这些信息极具迷惑性，我们以为能带来认知的提升，但是往往看过之后没有任何有价值的留存。比如，谈及某本经典的书，想了半天只能说出"那本书挺好的"这样的评价。高认知是把看过的内容和原有的知识链接起来，形成属于自己的解读视角甚至是方法论。

第二种，只有认知，没有实践。纸上谈兵的故事大家都知道，所有的认知，如果不去实践，很难带来结果，那这种认知就是假的。

"高认知的'穷人'"也在花钱，但没有起到"投资"的效果，只能归为消费。把有限的财富投资在高回报率的地方，"花钱"最能反映一个人的智慧，会花钱才能"越花越富有"。

攒下的财如何打理

当我们有结余的钱存下来时，大多会选择将钱留在银行卡里。这是大多数人攒钱的一种方式，因为这样很安全。如果你身边有精通理财的朋友，他们大概率是不会将攒下来的钱就这样存银行的。因为他们更加理解财富的本质，也知道如何让钱保值，甚至是创造新的价值。以目前银行的存款利率来说，无论是活期还是定期，是很难跑赢通货膨胀的。

对于"保守型"客户而言，把钱存银行是一种最简单的理财方式，也是最佳的选择。不用担心本金亏损，也不用费心思研究学习，又兼具一定的流动性。但是想想自己辛辛苦苦存下的 5 万元，几年后剩下的真正的价值可能只有 4 万元了，不免有些难过。如何利用好辛苦攒下的钱，就是理财的学问。既要根据钱财的多少，也要适合自身的理财需求。

某权威金融分析机构调研全球十万个资产稳健增长家庭的资产配置方式后，分析总结出家庭资产配置图。家庭资产或收入分为四个账户，各自有不同的要点和用途，我们可以根据其比例来进行相关配置。

第一，家庭日常支出账户：是日常要花的钱，一般占家庭资产的 10%，为家庭 3 ~ 6 个月的生活费，是保证家庭日常生活开销。一般放在银行活期存款、货币基金中。

第二，杠杆账户：是保命的钱，一般占家庭资产的 20%，防止意外事件发生后对家庭生活稳定带来负面影响。为了减小、转嫁这种不确定性给家庭资产和正常生活造成损失的风险，在我们可支配的家庭资产中，应该有一部分投资在保险的资产上。

第三，投资账户：是生钱的钱。一般占家庭资产的 30%，为家庭创造收益。用有风险的投资创造高回报。这种投资的方式包括：股票、期货、基金、商业地产、公司股权等，关键在于占比要在家庭可承受的范围内，即"无论盈亏对家庭都不能有致命性的打击"。

第四，长期收益账户：是保本升值的钱。一般占家庭资产的 40%，为保障家庭成员的养老金、子女教育金、婚嫁金及遗产等。这是一定会用到，并需要提前准备的钱。关键在于保本升值，本金安全、收益稳定、持续成长。比如国债、大额存单等。

家庭资产的关键点是平衡。四个账户一定要及时做好安排，科学配置资产，为自己提供比较有效的资产保全。

最后提醒一点，保护好你的钱，莫贪；管理好你的钱，至少让其保值。

总结

中国古代，人们用"泉"来象征"钱"，体现出财富的一个本质特征，那就是"流动性"。理财是一个不断积累财富、善用财富的过程，我们除了要努力增加自身收入外，还要让自己的钱动起来，通过自己不断学习理财知识，用好自己赚到的每一分钱，然后我们只要耐心一点，就能等到理财带来的收益。

《利息理论》中有这么一句话："收入是一连串的事件。"也就是说，我们看一个人的收入不是看瞬间，而是看长远；我们所追求的不是瞬间的高收入，而是长远的乃至终身的高收入。也许，此刻的你，没有太多的钱，不要紧，从现在开始，改变观念，相信你也会变得越来越富有。

如何做好资产配置

资产配置的理论和方法有很多，"标准普尔"家庭资产配置图（也称"标普图"）是其中的代表，也有人称之为"4321"理财法则。

有人说，"标普图"也好，其他方法也好，和我没有什么关系，因为我不是有钱人。其实，资产配置跟有多少钱没关系。资产配置（投资组合）是一个动作，每个家庭都可以根据自己家庭的实际情况，去构建家庭投资组合。当有了这样的组合，以后每年再根据家庭的实际情况去做动态的调整就好。

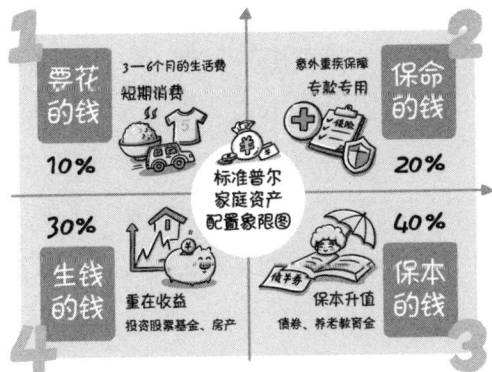

想要做好资产配置，我们首先要了解投资目的是什么。很多人的第一反应是："投资不就是为了赚钱嘛。"这是思维误区。作为家庭的投资，获得"购买力"才是真正的目标。投资的本质在于，通过今天的投资，你放弃了当下的购买力，一定是希望在未来的某一天，它还给你更强大的购买力。换句话说，就是用现在的购买力去投资，以期将来收获更大的购买力。

投资是将货币转化为资本或资产再转化为购买力的过程。

比如你花钱买了这本书，甚至可能会花钱报名我的训练营，你把学费投入进来，换回来的是你个人能力的提升。具体一点，你通过理财这一篇章的学习，能力得以提高，从而通过投资获得了更多的利润，这就是一次货币转化为资本、资本再转化为购买力的过程。最后，你获得了收益。这个投资行为就是一个完整的闭环。

那我们应该从何入手进行资产配置呢？有哪些地方是需要注意的呢？如何进行操作呢？

确定年度结余，知道自己拥有多少"鸡蛋"

资产配置的前提是现有资产，如果一个人一直是月光族，或者入不敷出，抑或家庭财务一团糟，一年到头"篮子"里剩余的"鸡蛋"都没有，就用不到"篮子"了。那如何让自己能够每年有更多的结余？一方面，可以增加我们的收入渠道；另一方面，节省我们的支出。而觉察日常中我们的支出是否有必要、有无可以节省的部分，可以用最普遍的方式：记账。

不要寄希望于每年年底支付软件给你出具的年度账单，且不说这些账单记录得比较笼统，更重要的是，待到这些平台出具年度报告，我们那些消费都已经全部产生，此时再拿着账单只能计划下一年的支出了。如果你从来没有记过账，我推荐你可以把记账这个方法用起来。当然，你可以使用现代化的工具帮助你。

我们主要可以记录以下几类支出：

第一类是固定开支。指每个月消费金额完全一样的那些开支，如房贷、车贷、物业费、车位费、社保等就属于这一类。

第二类是刚性的日常消费。比如吃饭的钱、加油费、交通费、话费等。它们的特点是一定会花，但花多少不太固定。

第三类是柔性的个性化消费。就是用来娱乐的支出，比如看电影、社交聚会、旅游度假等。这种消费的数额不固定，可花可不花，不花的话也不会影响正常生活。

当我们记录一段时间，比如一两个月后，可以再把消费清单拉出来好好分析一下，看看有哪些支出是非必要的，哪些费用是可以节省的？然后在下个月，有计划地做些调整和约束，我们的"篮子"里就能多出一些"鸡蛋"来。

一个错误的观点是：钱是赚出来的，不是省出来的。我以前也会用此来为自己的开销找借口和理由。直到接触了多位成功人士后，我才发现，原来真正的成功人士并不是我想象的那样花钱，他们在日常开销上更加讲求必要性。他们会把省下来的钱用在投资、理财上。

科学配置，了解"篮子"与"篮子"的区别

"鸡蛋"有了，接下来，可以开始进行资产配置，那我们可以选择的"篮子"都有哪些？

说到"篮子"，也就是我们平时说的理财方式，你可能马上会想到存款、保险、基金、股票、外汇、黄金……没错，它们都属于理财方式，理财方式没有好坏之分，它们都很朴素、中立。如何选择才是下一步要考虑的。

首先要考虑的是资产的划分。我们可以简单分为三类，分别是：防守型资产、稳定型资产和进攻型资产。

有些人相对来说是比较保守的，所以在做资产配置时往往倾向于选择保守型或者稳健型的"篮子"。这三类资产的风险是不一样的，相对应的用途也不同。

第一类是防守型资产（应急金）。主要用来应对日常开支和风险事件，对应标普图中"要花的钱"和"保命的钱"，这两个账户的钱就像盖房子的地基一样，一定不能出问题，而且要能做到随取随用。对应的理财方式包括活期存款、货币基金等。保障型保险和信用卡也可以归属到防守型资产。因为它们安全性都很高，而且在遇到突发事件时效果会很好。

第二类是稳定型资产（规划金）。可以追求一定的增值，但安全还是很重要的，属于"先保值、再增值"的类型，对应标普图中"保本的钱"。对应的理财方式有非自住房产、国债、50万元内的银行存款、储蓄型保险等。稳定型资产一般有固定期限，灵活性没有那么好，但它也有一个好处，就是可以根据未来的可能性事件进行提前规划。

第三类是进攻型资产（投资金）。当我们把防守型、稳定型资产都配置好了，就可以考虑去搭配进攻型资产，对应标准普尔图中"生钱的钱"，可以帮我们获得更高的收益。比如，最近认识的一位朋友，3 年前投了一家公司 120 万元，三年的时间收益高达 600 倍。虽然 600 倍的收益羡煞旁人，但当时投出这 120 万元时，朋友心里其实很清楚，这是冒着很大风险的。所谓收入越高、风险越大，就是这个道理。

对于大多数的普通人来说，最熟悉的进攻型工具就是股票和基金了，股票相对来说收益率高，但是风险也大；基金收益率没那么高，风险也相对小些。

总结一句话就是，在谨慎评估家庭风险承受能力的基础上，要让我们手里有钱可用，又有一些钱在稳定增值，还有余钱去追求更强的购买力。这才是"不把鸡蛋放到同一个篮子里"。

把"鸡蛋"放进对的"篮子"

我们知道了有多少"鸡蛋"，也了解了"篮子"的区别，最后，三个"篮子"摆在我们面前，我们具体要怎么放呢，分别放多少"鸡蛋"呢？

针对这个问题，我专门咨询了身边的理财专家。他从专业理财的角度给出了一些建议：对于年度结余 20 万元以下的家庭，他的建议是三成的防守型资产和七成的稳定型资产，没有必要去配置进攻型资产。

为什么这样配置？因为在专业理财从业者看来，年度结余 20 万元以下的家庭，抗风险的能力是比较弱的。如果进攻型资产亏损了，家人又突发意外或疾病，就会难以应对，到时后悔都来不及，付出的代价是比较大的。

如果家庭年度结余多一些，在 20 万元到 50 万元之间，抗风险能力明显变强了，就可以适当增加一些进攻型资产。专家的建议是，这一类家庭防守型、稳定型、进攻型的比例可以设定为 2∶7∶1。

当然，要是你年度结余比这更多，进攻型资产的比例可以继续增加。但是，即使是年度结余达到了 1 000 万元的家庭，三类资产里最高的还是稳定型资产，占比至少一半。所以，科学的资产配置里，进攻型资产的比例并没有想象的那么高。根据家庭对风险的承受程度，每一类资产的比例都可以适当上浮、下调，但浮动范围不建议超过 5%。

还是那句话，对家庭来说，安全比赚钱重要。防守型资产是基础，稳定型资产是大头，这两部分保证好，再去考虑进攻型资产。

总结

家庭财富管理最重要的是要做好资产配置，把"鸡蛋"放入不同的"篮子"，并且根据家庭的财务目标放到对的"篮子"里。首先，可以通过记账的方式了解我们日常的开支情况，通过对支出的管理增加我们"篮子"里的"鸡蛋"；其次，了解我们可以选择的防守型资产、稳定型资产和进攻型资产的类型；最后，根据我们的家庭实际情况，设置好不同资产类别的比例。

　　当然纸上学来终觉浅，在实际资产配置过程中，一定还会有很多更细致的问题，如果可以，我的建议是找一位专业的理财教练协助你，专业的事情交给专业的人做。

30 岁以后如何为家庭构建抗风险体系

作为在职场打拼的人，我们怀揣梦想，一路拼搏，期待能够事业有成、功成名就，为的是让自己和家人拥有更美好的生活。我们不仅想让家人和孩子无后顾之忧，也想努力提升自己的生活品质。但有时候，岁月静好可能只是我们的美好愿望。

不管你愿不愿意去思考，这个问题对于大部分家庭来说都非常现实。你以为的一切安好，可能伴随着一场意外而支离破碎；你以为的安之若素，很可能被坏运气变成不堪重负。风险意识是每个家庭都要建立并养成的一种思维意识。

面对房贷、车贷、不断增长的消费账单，需要合理规划增强家庭的抗风险能力，即使发生意外也不至于严重影响家庭的生活品质。老一辈常说："晴带雨伞，饱带干粮"。对于每个个体而言，不管是财务风险还是健康风险，都需要提前做好规划，增强对抗风险的能力。应对风险，我们做最坏的打算和做最充分的准备，即使发生也能坦然面对。

口袋里的钱需要长久积累，不会短时间增长很多。脑袋里的"资产"也是一样。脑袋里这些无形的"资产"，包括工作、理财、健康、人际、家庭、休闲、情绪、学习，刚好是本书着重强调的八大领域。凡事意识先行，想法改变了，行为才会发生改变，结果才会不同。

最大的风险也许是你自己

说起构建风险防护墙，很多家庭会想到的第一种方式大概率就是保险。我们家的第一份保险，是在我儿子出生时，我给他买的。父母爱子，不求回报。我们总是希望把最好的都给他们。所以，你会发现不管是教育投入，还是购买保险，我们在给孩子付出时，几乎从不吝啬，因为这是爱的体现。

但是，冷静下来想一想，如果我们不先保障好自己，而把所有的保障都给了孩子，这不仅可能是错的，还可能大错特错。为什么这么说呢？

很多人买保险是凭着感性认知，认为孩子是家庭的未来，是夫妻的宝贝，因而买保险首先想到孩子。但若从风险防控的角度来看，真正首先要抵御家庭风险、有抗风险能力的，应是正在职场打拼、有经济收入的成年人。他们是家庭的经济支柱，而不是刚刚来到世界不久的孩子。

让我们来思考两种情况。第一种是孩子生病，父母情感上一定会受伤害，经济上也会受到影响，但只要父母还能正常工作，家庭就还能正常运转下去。如果反过来，父母要是丧失了劳动力，甚至发生更严重的意外，失去了经济能力，孩子后续的保费交纳都成问题，更何况还有孩子以后的生活费和教育费。

爱孩子最好的方式是先爱自己。先让现在家庭里主要收入的人拥有足够的保障，即使经济支柱发生意外或疾病，仍然不影响家庭的生活水平。只有保持身体健康，我们才能有足够的能力去好好守护我们的家庭、守护我们的孩子。

当然，保险保障只是一个方面，作为家里的顶梁柱，我们不论是健康还是情绪，不论是人际关系网络还是学习，都应该不断加强，这才是我们能够持续给家庭增强抗风险能力的源泉。

提高抗风险能力的三个关键

1. 提升财物免疫力，让自己能底气十足

有网友提出疑问："如果没有收入，你能撑多久？"有的人回答两年，有的人回答半年，有的人回答不到三个月。这个时候，我们领悟到：稳健的资产储备，才能提高我们应对风险的底气。

说实话，之前我从来没有关注过周几去哪个加油站加油；从来没有关注过如何利用好各种店铺的优惠政策；也从来没想过，上班路上顺路的话是不是可以接个顺风单。在收入骤减之后，我发现自己也是可以货比三家的，也是可以精打细算的。

没有存款，就意味着很难有抵御风险的能力，这是多么可怕的事。所以，现在对我来说最重要的警示是：告别不理智消费，合理规划支出。少在外面吃几顿，少进行一些没有必要的

交际，少逛几次街，没准就能省出一笔不小的费用。这些简单的小转变，逐渐累积起来就是抗风险能力。

当然，这里提到的还只是现金储备。我们更应在平时注重家庭资产的储备，合理选择资产进行配置，根据家庭风险变动情况进行调整，逐步积累起家庭资产的抗风险能力。

2. 提升机体免疫力，让健康常伴

大家都怕生病，都怕身体不舒服，所以用尽一切方法提前规划，以便生病以后，缓解病痛。可打铁还需自身硬，提高自身免疫力才是最有效的方法。

身体是 1，车子、房子等资产是 0，如果没有前面的 1，后面的 0 再多也是枉然。拥有健康，才能陪着孩子长大，才能和爱人白首，才能孝顺父母到老。多运动、多吃健康的食物，早睡早起、规律生活，提高身体的免疫力，才能拥有幸福的人生。

3. 提升情绪免疫力，让快乐与我们同行

我的妈妈过得很苦，在她很小的时候，外婆就去世了，所以妈妈从小就要负责照顾两个妹妹。后来，外公又受伤残疾，也需要妈妈照顾。自打我记事起，总感觉妈妈身上带着一股消极的气息，看电视剧喜欢苦情戏，唱歌也总是唱悲情歌曲。十多年前，妈妈曾患乳腺癌。我一度觉得，这一切都和她长期处在的环境有关。人体是个平衡系统。情绪紧张、心理压力大的人，容易生病。在我们情绪低落、心情烦躁时，往往也更容易生病。

所以，我们要明白，照顾好自己的情绪是"第一免疫力"。

保持积极、乐观的心态才是最低成本提高免疫力的方法。保持冷静与理智，学会调整自己的状态，多笑笑，让自己更放松也更轻松。

如何为家庭构建抗风险体系

1. 好好工作

好好工作，提高收入，是对抗风险的核心要素。收入包括主动收入和被动收入。初入职场，我们多半是靠出售自己的劳动和时间来获取收入。这种稳定的结构很容易被打破，比如意外、失业、身体生病等。增加被动收入，比如用自己劳动所得去购买优质资产、把自己擅长的知识变成网课、写一本持续带来版税的书籍等，都是可行的途径。人到中年，努力创造自己的被动收入很重要。

2. 好好吃饭

饮食不规律是很多职场人的坏毛病。有些人经常是要么加班错过饭点，要么聚餐暴饮暴食，这样无疑是在破坏肠胃的正常运作和休息时间。有些爱睡懒觉的伙伴，不知早餐为何物。有的人一日三餐就对付一下，不饿不吃饭，从不注意吃饭的时间。有的人因为工作、学习等各种原因，生活不规律，规律饮食更是谈不上。

不注意，不在意，久而久之，麻烦也就来了。从今天开始规律饮食，好好爱惜自己的身体，可以帮助你为家庭构建起一堵抗风险的健康高墙。

3. 好好睡觉

高质量的睡眠，对一些人来说，像奢侈品一样难得。充足的睡眠不但有助于恢复我们的体力，还能提升我们的脑力和改善心情。每天建议的睡眠时间是 7 ~ 8 个小时，过短或者过长都不好。有报道称，如果一个人连续三个晚上睡眠不足 7 个小时，免疫力就会降低一半！另外，长期的睡眠不足还会影响我们的心理状态，增加焦虑的风险。

所以，别每天只督促孩子早点睡觉，作为一家之主的你，也别忘了早点睡觉、好好睡觉。

4. 好好运动

科学适量的身体活动，有助于促进机体新陈代谢，增强体质。在运动这件事情上，我们可以和孩子一起进行。如孩子跳绳时，自己也可以加入一起跳。每周应进行 3 天中等强度身体活动，累计时间达到 120 分钟以上。每天坚持走路让步数保持在 10 000 步以上，也是一个好的运动习惯。

5. 好好沟通

我们不仅要稳定好自己的情绪，更有责任让整个家庭都拥有良好的情绪氛围，让家庭能和睦幸福。

亲密关系甚至重于亲子关系，重于学习成绩。当我们能够妥善处理好夫妻、亲子、学习、婆媳等关系时，我们的家庭幸福指数就会不断提升，从而为我们带来良好的家庭氛围。而良好的家庭氛围又可以支持我们以更饱满的精神状态投入工作和事业当中，从而实现情绪的正循环。

总结

　　暴风雨随时可能来临，我们能做的就是养成良好的风险意识，未雨绸缪。为家庭构建抗风险体系，不仅要做好有形资产的配置，更要不断积累提升无形资产的影响力，为家庭打好坚实基础，让每个家庭的小船都能在幸福的航道上稳步前进。

第三章
健　　康

　　健康的身体和精神状态为我们掌控人生提供了必要的能量和动力，是实现人生目标至关重要的因素之一，它能帮助我们更好地掌控自己的人生，追求个人幸福和内在满足。

　　本章将探讨关于体能、情感、思维、意志等方面自我管理的重要信息和实用建议，养成健康的生活习惯、提高免疫力、预防疾病，同时培养积极的心态，迎接人生各个阶段的挑战，在繁忙的生活中保持身心的平衡与健康。

父母的健康怎么保障

一晃眼，一年又过去了。今年是妈妈帮着我们带娃的第十二年，也是她离开农村到城市生活的第八个年头。

我的第一个孩子刚出生时在老家住过一段时间，后来去妻子的老家读了一年的幼儿园，上中班才来到杭州，一家人得以团聚。那一年，我们在杭州买了房子，才有地方可以把一家老小接过来生活。

当我们在满世界追梦时，是父母给了我们坚强的后盾。要是没有父母的帮忙，很多像我们这样的普通家庭，是没有办法脱身去踏实工作的。

随着父母年纪的增长，突发的疾病也会随之而来，本来平静的家庭会变得紧张。几年前，有一次我妈妈不小心腰椎错位，妻子又不在家，公司、医院、学校几头跑，那个星期把我忙得焦头烂额。还有一次，岳母住院，我正好在北京参加 4D 领导力的课程学习。是我妻子在家忙前忙后，不巧的是那天还下起了瓢泼大雨，把妻子全身都淋湿了，按捺不住情绪的她对我一顿责备。家人生病之际，我却还顾着自己在外面学习，想来也是很不应该，但是毕竟是学习计划安排在先，岳母临时住院，我也觉得有些委屈。

爸爸是个闲不住的人，在城里待不惯，所以选择了在老家生活，平时打打零工，同时打理家中的一亩三分地。有一年7月，家里要采摘药材，妈妈就回去帮忙。突然有一天妈妈给我打电话，说爸爸住院了，前几日使用剪刀时，不小心戳破了手指，爸爸没有当回事，结果过了几天，发现手肿起来了，去医院才发现是破伤风。因为耽误了好几天，引起了伤口肿痛以及其他一些症状，需要住院治疗。

其实，为了不给孩子添麻烦，父母们总是报喜不报忧。爸爸在电话那头说："腿脚好着呢，每天上下楼都很轻松，你就安心工作吧。"母亲强装淡定地说："没事，没事，小感冒而已，买点药吃就好了，不用去医院，浪费钱。"父母也总是拒绝去体检，说："你们在外面生活成本这么高，管好自己就行，别担心我们。"

但父母的身体骗不过我们的眼睛。满头白发、背影佝偻、步履蹒跚。我们父母这一辈人是吃过苦的，他们似乎也习惯了一辈子勤俭节约，剩菜也不舍得倒掉，感觉所有的食物只要放到冰箱里就永远不会坏掉。

父母在，人生尚有来处；父母去，人生只剩归途。一年当中，我们大部分时间都在外工作，有些人不能陪在父母身边，对父母的健康情况也不能第一时间了解。那我们该怎么做呢？

对待父母的态度，是一个人最真实的人品

有一次，我外出谈一笔业务。结束时已经到晚餐时间，我们就邀请客户晚上一起用餐。客户推托一番后还是答应了，紧接着，他打了个电话告知他妈妈晚上不回去用餐了，自己也带了钥匙，不用留门。瞬间，我对这位合作伙伴多了几分敬重。对待父母的态度，是一个人最真实的人品。

孔子说："今之孝者，是谓能养。至于犬马，皆能有养。不敬，何以别乎？"对待父母，不仅要提供衣食上的供养，更重要的是懂得尊重父母。

现在很多人给父母买车、买房，即便是可以给父母物质上的享受，但是一旦对父母流露出不耐烦的神情，也会让他们心生不安。当你大声说话，而父母却默不作声时，就说明那个在我们心目中坚强的父母，已经慢慢变老了。

小时候，我们什么也不懂，总是拉着父母问东问西。如今父母年纪大了，接受新事物也慢了，我们也要像当初父母那样，耐住性子，带着他们去了解这个世界，跟上这个时代。多一点耐心，多一些体谅，他们年纪大了，观念不同于年轻人，他们喜欢絮絮叨叨，是因为关心你。那些你觉得"陈旧"的观念，都是他们一生经历所得。

我在母校偶尔兼职任教。有一次下课后，和一位同事一起去食堂。路上，她接了两个电话，第一个电话是快递员联系她沟通关于延迟送货的事情，她表现出了极大的宽容之心；第二个电话是用方言交流的。我事后才知道是她的妈妈，虽然不知道她们聊了些什么，但是从沟通时的语音语调和说话的方式，

明显能感觉到不耐烦的情绪。

　　一位名人曾说："对亲近的人挑剔是本能，但克服本能，做到对亲近的人不挑剔是种教养。"不要把好脾气都给了陌生人，而把一些负面的情绪发泄在我们最亲的人身上。多一点耐心、多一点爱心、多一点关心，也许父母辈同我们沟通的方式和方法是有些问题，但是不要忘了，那是他们所生活的年代和他们的经历形成的，没有他们就没有我们。正如我的父母就只有初中和小学文化水平。不要抱怨他们的沟通方式，真诚的体会他们对我们的爱就好。

　　一位作家说："每个孩子都相信来日方长，相信有衣锦还乡的那一天，可以从容尽孝。可惜人们都忘了，忘了时间的残酷，忘了人生的短暂，忘了生命本身有不堪一击的脆弱。"正是那一句话：树欲静而风不止，子欲养而亲不待。

　　写到这里，耳畔突然想起在孩童时代，我们家那台 DVD 每年春节都会播放的一首歌："找点空闲，找点时间，领着孩子，常回家看看；带上笑容，带上祝愿，陪同爱人，常回家看看……"

孩子对父母最真的孝顺是掌握父母的健康特点

　　我有个朋友，特别孝顺。第一个月拿到工资，就买了上好的龙井茶还有蚕丝被，给他父母寄了过去。不管去哪里旅游，他都会买上一堆当地的特产寄给老家的父母。

　　年轻时，赚了钱，总想在父母面前炫耀一下，总会买些价格不菲的礼物回去孝敬父母。父母问起价格，还傻傻地实话实说。结果后来发现，那些很贵的东西放到了过期，父母都没舍得用。

后来，我慢慢变聪明了，理解了父母的勤俭节约，所以2 000元买的，回去会说是200元钱，不贵不贵。结果又发现，父母觉得不贵又好用，就送给亲朋好友，还说："儿子啊，上次你买的，你二舅用了也说好，200元钱我已经收了，你回来时，记得给你二舅也买一瓶。"

买礼物是孝顺，更应该掌握父母的健康特点，了解他们最需要什么，帮他们管理健康。所以，要定期带他们体检。人一旦过了35岁，就要对自己好一点，每年要进行一次体检。父母上了年纪，更要多关注他们的健康状况。人老了，都会生病，但是不少的老人家总有种错误观点，认为"病不知道最好"。

其实，体检就是为了早期发现问题。有一位"最帅大爷"，50岁进健身房，开始游泳和健身，57岁再次走上了舞台，70岁开始有意识地练肌肉，79岁走上T台，85岁拿到飞机驾照。虽然我们不能让父母效仿他，但是我们可以从他身上看到可能性。身体机能下降，最好的逆转办法就是三个字：动起来。

让父母的身体动起来，适度锻炼。最近，我跟着某教育集团参与他们组织的城市108公里徒步自我挑战赛。在第七期的徒步群中，我偶遇了集团董事长的爸爸，80岁的老人每天也和我们这群伙伴一起徒步锻炼。这样的生命状态真的是特别赞。

让父母在社会关系里动起来，也就是积极参与社交。妈妈刚来杭州时，每天除了接送孩子上下学，几乎就不出门。我多次劝她可以到小区外面跟着那些广场舞大妈们跳跳舞，她都拒绝。每天唯一的乐趣就是抄抄歌词，唱唱歌。于是我就投其所好，帮她在唱歌 App 上注册了账号，让她可以把作品发布到网络上。

在杭州生活多年以后，妈妈也渐渐找到了一群志同道合的朋友。我买来的帐篷等露营装备，妈妈用得比我多。我们平时不在家的时候，她就约几个朋友去旁边的公园晒太阳、打牌聊天。自从学会了抖音的各种道具功能之后，隔三差五就能看到她上传新作品，点赞还不少，有时候甚至比我发的作品数和点赞数都要多。

参加集体运动，是保持心理健康的好方式。人，是社会性动物，只有融入环境，多和人交流，才更有利于心理健康。所以，别只顾着扩大自己的交际圈，也要为父母的交际圈多些安排。

定期净化父母的网络环境，让父母远离谣言侵害

有一种微信，叫父母发来的微信；有一种关心，叫父母觉得这事你应该上心。自从父母打开了微信这个"新世界大门"，就总会分享一些奇奇怪怪的东西给我们，比如养生知识、励志短视频，等等。

某网站曾采访过多位老年微信使用者，他们的朋友圈内养生信息占据多数，其中一位老人的 72 条信息里有 55 条是养生类。但这些养生文章其实很多是保健品软广告，有一些不看到最后，即使是年轻人也分辨不出来。

一些父母辈会把转发文章当成一种社交方式，但常不能分辨或忽视了信息正确与否、标题恰当与否。"转发给家人"的这个动作中传达出的生活态度是积极的。

现在的平台都是算法推荐，当父母不断转发、关注这些奇奇怪怪，有时甚至在我们看来是乱七八糟、需要否定的网上文章时，系统却会判断他们对这类话题比较感兴趣，从而加大推荐的力度。

所以，如果我们在收到父母转发给我们的文章，直接说其中一些东西"不可信、不要理会"时，他们很可能会有抵触情绪。因为那些是他们认为"优质"的内容。

如果是陌生人给你发些没用的消息，我们大可以顺手点个投诉，然后不予理会，然而父母是我们最亲近的人。我不是说年轻人的观点和认识就一定正确，而是我们更要通过学习来提高我们自己的认知。这既是帮助自己也是帮助父母。

所以，在如今的时代，这可不是一件简单的任务。能不能完成它，不光取决于你的知识积累，也取决于方式方法，甚至还取决于多年来形成的家庭关系。如何帮助父母净化他们的网络环境，为他们的身心健康保驾护航呢？我的建议是，可以找个机会把父母的手机拿过来，找寻一批内容优质的公众号，给父母的订阅内容来一个"更新换代"。

父母那一代接触的文字信息大多是官方的，是经过层层审核才发布出来的，发布的信息都是正确的已经成了他们的阅读惯性。他们现在仍然这样认为，不管是电视台播的还是微信上看的。所以，作为子女，我们有义务为父母的健康做好保驾护航。

🎯 **总结**

沟通和理解很重要，我们这一辈人，也许在学习上投资了不少，也自认为学到了很多的知识与技能，但是我们在和孩子沟通的同时，也别忘了运用我们的沟通技能和父母做好沟通。互相理解的转折，一般发生在当我们有了自己的孩子以后。"不养儿不知父母恩"说的就是这个意思。之前很多让你忽视的事情，之后就可以重新从父母的角度考虑了。

父母年纪大了，一定要多抽出时间陪陪他们。我们的关心、支持和陪伴就是父母健康的最好保障，千万不要因为工作忙而忽视他们，不然很可能成为一生的遗憾。愿我们的父母都能长命百岁、身体健康。

拼命赚钱的你，健康状态怎么样

"世人慌慌张张，不过是图碎银几两。"

为让父母安康，为护幼子成长，起早贪黑的你，披星戴月的我，奔波忙碌。步入中年的我们，大多上有老下有小，正处于人生的责任之年，既是家里的经济支柱，也是家人的精神支撑。身心健康丝毫不能懈怠。

我也是在一次因为连续 56 天高强度工作导致生病住进医院后，才终于认清健康十分重要这个现实。所以，人到中年，请悠着点。在保证自己身体健康的情况下，去工作，去搞事业，别透支健康，别给自己的身体埋下危险的引线。一个真正有胆识又成熟的中年人，一定会照顾好自己，这才是对自己负责，也是对家人负责。

如果你的工作还需要勉力强撑，我建议可以换一种生活方式。对于中年人来说，最重要的是拥有好身体。在我这个年纪，都已经在送别身边的旧友，甚至有些比我还年轻。凡事有个度，工作要干，事业要搞，但身体的确应该放在第一位。

健康是珍贵的财富

当我连着 6 局被年轻人从球场上"撵"下来的时候，我意识到，自己身体的巅峰状态已经过去了。长时间的办公室工作，缺乏锻炼，已经让我的小肚子大了一圈又一圈，核心力量远不如从前。

工作以后，我们用在球场上挥汗如雨的时间必然会少，即便时间不少，有些高强度的运动似乎也已经不合适自己。30 多岁，说是自己的人生下半场为时过早，但是实事求是、客观地认识自己的身体状态却很重要。奋力奔跑时应该是少年，而不是中年。如果用力过猛，你所挣来的钱用来治疗伤痛真的不太值。

叔本华曾说："人类所能犯的最大错误，就是拿健康来换取其他身外之物。"

关于健康这件事情有多重要，历史上其实早有典故供我们借鉴。三国时期，诸葛亮因为事必躬亲，最后在五丈原驾鹤西去，享年 53 岁；而司马懿活了 72 岁。古语云，人生七十古来稀。那个时代的 72 岁，已经非常难得了。

人生不是短跑，人生是一场漫长的马拉松。累了，就歇歇，学会在人生的这场长跑中"歇歇"，是每一个中年人的必修课。不要大意，别拿健康去换钱，否则，将来还需要拿更多的钱去追逐健康。

一位作家曾说："生活的智慧在于逐渐澄清、滤除那些不重要的杂质，而保留最重要的部分。"时间的利刃，在我们身体留下皱纹的同时，也刻下了人生的大智慧。漫漫人生路，一路进取，一路坚守。人到中年，我们越过越明白，越活越通透。健康第一这样简单的道理，我们需要时刻谨记。

如何应对"亚健康"

我们需要注意常说的"亚健康"。人到中年，当我们再拿到体检报告时，一些指标可能会提醒我们注意。身体上常会有一些不适、不舒服。

所以，我们要努力在这个过程中扳回一局，一起多关注自己的身体状态，每天为身体健康多付出一点。如何改善健康状态呢？下面给出九条可操作性强的建议，希望能够对职场人士有所帮助。

第一，锻炼身体。锻炼身体是预防疾病和保持身体健康的基本方法。每天坚持 30 分钟的适当运动，如慢跑等，可以增强体质，减轻工作压力，提高工作效率。

第二，睡眠充足。睡眠不足是引发问题的重要因素之一。保证每天 7 ~ 8 小时的睡眠时间，可以提高身体免疫力，缓解情绪，提高工作效率。

第三，合理饮食。合理的饮食习惯对身体健康非常重要。多吃新鲜蔬菜、水果，少吃油炸、过多的肉类等过高热量的食物，可以降低风险，提高身体免疫力。

第四，停止熬夜。熬夜是一些职场人的习惯，但它对身体健康的危害非常大。长期熬夜会导致身体免疫力下降、记忆力减退等问题。因此，尽量避免熬夜。

第五，学会放松。放松可以缓解身体的紧张状态，可以通过听音乐、阅读、游戏等方式放松自己，让身体得到充分休息。

　　第六，控制饮酒。过量饮酒会对身体健康造成很大的危害。切记，饮酒要适当。

　　第七，避免吸烟。吸烟会对身体健康造成很大的伤害。因此，戒烟是改善健康的重要步骤。

　　第八，保持心理健康。长期的工作和生活压力过大会导致心理问题。可以通过与家人、朋友交流，或寻求帮助等方式来保持心理健康。

　　第九，工作生活平衡。工作和生活平衡是保持健康的重要途径。工作之余可以进行一些自己喜欢的活动，放松身体，放松心理。

身体状态的改善是一个长期的过程，需要我们在日常生活中做好各方面的保护工作。以上九条建议，不需要太多的金钱成本，可操作性强，希望职场人士能够积极采纳，提高身体健康水平，更好地面对工作和生活。

病痛不应拖延

一些小问题如果不能及时解决，小问题拖成大问题，就会追悔莫及。身体若出问题，不光自己痛苦，也给家庭带来精神和物质上的双重负担。有的人，20多岁时，对体检这件事情一点也不反感。但是年纪越大，越不敢走进体检中心，甚至是身体已经出现一些状况的时候。

这种拖延有两种常见的心理：

（1）不碍事的小毛病，挺一挺就过去了；

（2）出于各种现实的考虑，不愿意去面对。

人到中年，身体各方面机能出现下滑趋势是必然的，定期体检、保持适量的运动，作息规律、饮食规律，尽量防患于未然是我们的必选项，拖延问题有害。

总结

一个人的身体不仅属于自己，也与家庭的幸福息息相关。身体健康，是对自己、对家人最大的责任。叔本华说的话我深以为然，人生的破产往往不是败于财富，而是败给了健康。愿你在生命的长河里保持健康，这是一种投资，是一种责任，更是一生的事业。

过了 30 岁，我们该如何做好精力管理

优秀的创业者和企业家常表现出精力很旺盛。每天工作时间很长，还要参加各种活动，更让人惊讶的是，他们还有很多固定的运动时间、家庭时间，并且精神状态都很好。

反之，有些人有许多想做的事，却总是很难找到时间去做；虽然有很多爱好和兴趣，但总是感觉很累，没有精力去行动；和家人、朋友在一起，有时变得急躁、易产生情绪；甚至有一份稳定的工作，却总觉得生活里缺少了什么，也没有动力去寻找。

如果想找到正确的解决方法，就得理解问题的根源所在。而根源就是，我们要学会管理好自己的精力。制约我们成长和生产力的不是时间，而是我们的状态。想一想，因为"累""倦""不想干"，又错过了多少有效的时间？

一家公司有一项针对 2 000 个员工的调查显示：一个员工，在一个工作日里能够集中精力高效工作的时间平均只有 2 小时53 分钟，不到 3 小时。其他的时间呢？大多都消耗在各种无意

义的边边角角，以及分心、走神的区间。

这对我们也有教育意义。我想说的是，如果我们无法改善自己的状态，即使能够省下大量时间，也未必能够有效利用。况且，对于大多数人来说，每天的日程基本是差不多的，每天能够节省出来的时间，也不会相差太多。

相比之下，状态的提升和维持，带来的效益更大。所以，我们说，平衡人生的智慧不仅仅是要管理"时间"，更重要的是管理好"精力"。

精力管理的四个维度

《精力管理》一书中提到，精力是做事情的能力，包括体能、情感、思维、意志四个方面。

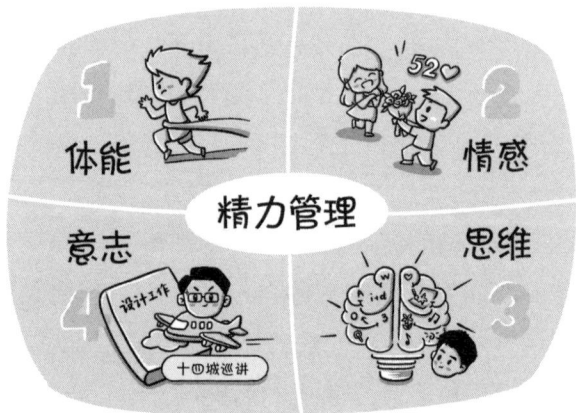

1. 体能精力

这是我们日常对精力的最直观认知。体能，不是运动员、建筑工人等才需要。体能精力是生活最基本的精力源，体能精力最关键的两项调节器是呼吸和进食。

睡眠也非常重要。前一天熬夜，睡得太晚，第二天早起去上班，身体感觉轻飘飘的。这种体能上的缺乏，使得我们根本无法全身心投入工作，更不要说保持专注了。随着年龄的增加，我们的体能恢复速度也变得越来越慢。年轻时熬夜，第二天补个觉就能缓过来，但是现在熬个夜，感觉三天都缓不过来。所以，我们需要做好自己的体能管理。

有位老师，他的生活非常规律，晨练、早餐、工作、午餐、午睡、工作、晚餐，据说晚上 11 点一定休息。

2. 情感精力

为了达到最佳状态，我们要汲取愉悦、积极的情感，享受挑战和冒险。精力和情感有关系吗？其实这二者关系极大。

有一次，我没控制好情绪，冲着妻子吼了一嗓子，结果，妻子一个星期没理我。我一个星期都没能好好上班，每天想着如何才能把妻子哄开心。冲突对身体体能的消耗并没有很多，但感觉那一周整个人像被掏空了一样，特别疲惫。尤其是当我几次给妻子打电话被拒接之后。

正面情感精力的关键因素是自信、自控、人际关系与共情，这些因素带来的满足感和安全感，能够让我们更有效地支配自己的个人行为。负面情感也可以维持我们的生活，但相比于正面情绪，负面情绪代价巨大、事倍功半，常常让我们产生无助感和困惑感，损害我们的工作能力。

3. 思维精力

如果把体能精力比作电脑的硬件，那么思维精力就相当于电脑的软件。简单来说就是一句话：脑子别乱。

我们使用思维精力规划生活、集中精力。最有益于全情投入的思维精力是现实乐观主义——看清事物真相，却仍朝目标积极努力。优化思维精力的关键在于思想准备、构建想象、积极的自我暗示、高效的时间管理和创造力。

工作上，有几项任务需要同时推进；生活上，需要同时处理孩子和父母的事情；学习上，需要参加各种课程……海量的事务在脑子里堆着，在这种状态下较容易产生的状态是："宕机"。每天一睁眼，就有各种事情围绕着我们，很容易思维精力不足，因为想到每天有那么多的事情需要我们去处理的时候，大脑就已经"过热"了。

思维精力运用有问题，核心原因是：我们没有学会"断舍离"，没有理解并践行"活在当下"，以至于产生思维精力的涣散。

4. 意志精力

这是我们精力中的最高层级。所谓最高层级，是说我们要在精神层面找到做每一件事情的价值和意义。

意志精力为所有层面的行为提供动力，带来激情、恒心和投入。意志精力源于价值取向和超出个人利益的目标，依照价值取向鼓起生活的勇气，是意志力量的关键因素。最强大的意志力量是激情、投入、正直和诚实。

DISC+ 社群的联合创始人在 2023 年 5 月重启了全国巡讲活动，连续 14 天，每天飞一个城市。一位老师看到行程安排后，对联合创始人说："多保重，现在的身体已经不是三年前的状态了。"

联合创始人回了一句："我现在的意志力也不是三年前可以比拟的。"何以有如此旺盛的精力来进行巡讲？因为在背后，有一个更重要的使命在激励着他。找到每件事的意义，这就是最高级的精力管理。因为这种精神上的支撑，可以让你更笃定、更持续，而不是把一件事情当作一份简单的差事应付了事。

为什么会陷入精力泥潭

如果我们参加一场五个小时的培训课，最开始的两个小时精力旺盛、思维敏捷，但是过了两个小时，注意力就容易不集中。晚上回到家，想着和家人聊聊天，但是老感觉心不在焉，脑子里满是培训课上的事情。

以上这些状态，一定程度上是精力不足所导致的。导致精力不足的原因有很多，其中有三个对于我们来说最为常见。

1. 竭泽而渔

我们每个人都有一个精力池，而精力就像池塘里的鱼一样，精力不足就代表我们抓鱼抓得太狠了。而精力出现大问题，就是因为我们做了一件较极端的事。比如熬夜，就是典型的竭泽而渔。

2. 压力之下

持续不停工作和学习有可能令人上瘾。我们在高度紧张的状态下长时间运转，会渐渐失去"换挡减速"的能力。当学习任务增多时，我们会本能地逼迫自己高速运转。慢慢，我们开始抗拒帮助我们高效运作的调整——停顿、休息和自我恢复。

3. 无用焦虑

有些时候我们不是被生活打败的，而是被焦虑打败的。我们如何才能像运动员一样全情投入保持最佳表现，同时又不损害健康、幸福和对生活的热情呢？如果尝试以下方法，或许能帮助我们实现这个目标。

方法一：全情投入需要调动四种独立且相互关联的精力源，体能、情感、思维和意志；

方法二：学习如何有节奏地消耗和更新精力，保持生命的跃动；

方法三：突破自己的极限，模仿运动员进行系统训练；

方法四：养成积极的精力习惯，即细致具体的精力管理方法，是全情投入、保持高效表现的诀窍。

说起来容易，做起来难。找到一个圈子，跟一群人一起相互陪伴和监督，就是个不错的选择。

🎯 总结

30多岁，是一个很好的开始。我们慢慢知道自己想要什么，想过什么样的生活，开始向自己期待的方向努力，开始正视工作，开始懂得照顾自己，与自己的内心和解。

30多岁，让我们成为一个精力充沛的人，从体能、情绪、思维到意志，每一个"关卡"都加以锻炼。精力充沛不仅是为了工作、学习、生活更有效率，也是为了从这些我们离不开的活动之中获得幸福。

第四章
人　　际

　　良好的人际关系可以为我们提供更多的机会和资源，通过与各行各业的人建立联系，为人生的发展提供更多的选择和可能。良好的人际关系可以扩大我们的影响力和资源获取能力，助力职业发展和个人成长，从而使我们更好地掌控人生。

　　本章将探讨如何在求助朋友时避免讨人嫌；如何在年轻的阶段，主动积累人际关系，为未来的发展打下基础。在社交场合中如何克服社交焦虑，与他人建立真诚和积极的连接，获得更多的机遇与支持。

如何向朋友借钱，才不会讨人嫌

都说朋友多了路好走，所以我们希望朋友越多越好。然而，要结束一段友情也很容易，最彻底的一种就是不当的"借钱"。

有人说，钱是关系的试金石。金钱能使一段关系更紧密，也能让这段关系破裂。有一句话：不要给朋友借钱，除非你不想要这个朋友了。

关于借钱，我在杭州买房的时候经历过一次。因为时间紧迫，我和父母同时想办法。我找熟悉的朋友，父母找亲戚朋友。我是那种抹不开面子的人，若非平时关系特别好，我也不太敢开口，万一开了口借不到，担心把关系弄尴尬。然而，父亲轻松很多，他说明了情况，舅舅、叔叔就很快给予了帮助。

这件事情让我明白，借与不借的背后，是关系，是信任！如果有一天，我们真的需要向亲戚朋友借钱时，应该提前做好应对。

1. 不到迫不得已，不找亲戚朋友借钱

借钱有很多方式，特别是现在小额借贷如此方便。如果只是短期内的小周转，建议通过信用卡等方式来解决，没有必要欠一份人情。

2. 学会察言观色，接纳婉言拒绝

如果一定要借钱，也要找信任度比较高，关系够硬的朋友。但也不要以为不管借钱干什么，都是可以借到的。

如果朋友说："兄弟，真不巧，我这里还欠着银行的钱呢，每个月都要按时还贷，手上实在没有多余的现金可以周转了。如果有钱，我也想找你借点，换个大点的房子呢。"

如果朋友说："我问了一下媳妇，她弟弟要买车，前几天刚把钱借走了，真的不好意思。"

我们不能因为朋友不借钱而生气或者责怪于他，每个人都会慎重对待自己辛苦赚来的每一分钱，这也是他对自己家人负责。如果心生怨气，同样也会导致友情亲情破裂。

3. 提前了解情况，不要强人所难

即使你们关系很好，也要提前了解对方的情况，不要强人所难。

作为老好人，我曾经从信用卡上透支了一大笔钱借给朋友。其实那段时间自己也很拮据，但为了不影响彼此的关系，我做出了让自己超负荷的决定，而且还没办法把这个"真相"告诉朋友。内心期待真心不被辜负，因而对对方按时还钱的期待十分高，甚至在过程中还带着自己不能诉说的情绪，因为一旦出现了偏差，最终朋友的关系也不复存在了，还可能因为帮助了朋友，造成自己家庭关系不和谐。所以，借钱时一定要了解对方的实际情况，如果对方也不容易，就不要开口了。

4. 写下欠条，定下还款日期

一般来说，借钱给别人都不是为了赚利息，只求按时归还本金就可以了。

我们每天忙于各种事情，总会有忘事的时候。三年前，妻子借了 35 000 元给亲戚。后来，亲戚只还回来 5 000 元。所以，如果朋友借了钱给我们，自己一定要写欠条。欠条上注明借款金额、借款日期、还款日期以及到期未还款的解决办法，并要双方签字。这样一来，我们会更加认真地对待这笔欠款。

几年前，我借了一笔钱给一位在杭州工作的朋友，原本约定年后还款。年后没收到钱，于是我提醒对方，3 月有几笔保险费要交，需要尽快还款。然而，直到 6 月中旬，朋友才还款。虽然没有和这位朋友断交，但是日后若是再有借钱的需求，我就不会再借了。

所以，如果朋友借给我们钱，我们没有按约定时间还款，就会影响相互之间的感情。如果真的到了约定还款日没有办法还钱，我们也需要主动向朋友解释理由，并重新约定还款日。

违约就是违约，这关乎信用。

◉ 总结

古时候有个财主说：什么最难？借钱！

恰当地处理钱的关系，能做到既不伤害亲情友情，也不会产生损失，是我们的必修课。肯借钱给你的人，一定是信任你的人；不仅肯借，而且连个借条都不让你打的人，一定是十分信任你的人。这样的人不多，遇到了要珍惜一辈子。

在你困难时借钱给你的人，不是因为人家钱多，而是因为在你遇到困难时想拉你一把。借给你的也不仅是钱，还是信心、是信任、是激励，是对你能力的认可，是给你的未来投资。

希望朋友们千万不要践踏"诚信"二字，因为诚信和信任，是人生中重要的资产。

30 岁之前，你该学会积累朋友圈

30 岁以后，在职场中，我们慢慢开始走上管理岗位，或者开始自己的创业之旅。如果我们相关的工作资源网络没有一起成长，那么可以整合的资源就比较少。所以，结合自己的职场发展规划，尽自己的努力去积累朋友圈对于 30 岁以后的职场人士尤为重要。

随着自己不断成长，对很多事情的看法会变得更深刻。对于人际关系，情谊是志趣相投的产物，前提是对自己有定位。我的态度是：内在不断积累自我的知识和经验；外在积极链接朋友和资源，最终实现共赢。

提升自己

如果不是千里马，那么伯乐再多也没有用。只有你足够优秀，才可能得到合理的帮助。所以，我们必须要有这样的意识。

2008 年开始做导游时，我每天在江浙沪接待来自全国各地的游客，总会磕磕碰碰，虽然不至于被游客投诉，但是一两年下来，几乎没有游客可以成为保持联系的朋友。显然是我的服务并没有获得游客十分满意。

在慢慢成长的过程中，我也收获了一些行业的荣誉，带团的业务能力也提升了，讲解的水平也提高了。每当我站在游客的面前侃侃而谈、述说美丽的神话、讲述景点的历史背景时，总能收获游客一波波的赞许。然后就有游客主动要求加我微信，还说以后朋友来华东，就推荐我去接待。于是，我的业务也逐渐拓展开来。

2017 年，我加入 DISC+ 社群。最初，除了对旅游行业熟悉一点，我对社群运营、海报制作、线上学习一窍不通。伴随着这些年沉浸式的学习，我不仅熟练地掌握各种技能，更是将社群所学运用到了公司的教育培训当中；将所学应用在企业的发展中，解决了企业迫切的发展需要，从而实现了升职加薪；因为在社群的重度融入，我还收获了一群志同道合的学友。

在这个过程中，我最大的感受就是，当我们自己具备了支持别人的能力之时，我们就会成为人际关系网络的焦点。

2020 年，旅游公司所有的业务都转为线上，还要求销售部门的同事借助直播的形式做线上推广和拓客。从来没有开过直播的同事惊慌失措。当时，我已经是企业大学的负责人，我协助他们完成了直播销讲的流程设计，打磨槁子，最后顺利完成活动。从那以后，他们就成了为我的"铁粉"，凡是企业大学组织各类培训，都来参加，还带动部门同事都来积极参与。

所以，让自己变得更有价值，是解决问题的关键。

认识人多不等于朋友广

你朋友圈里，也许会刷到这样一些人：他们游走在各种社交场合，晒出和各行各业精英的合影。还有些人在各个场合想方设法地加好友。这么多的朋友圈好友真的就是"好友"吗？重要的不是认识多少人，而是多少人想认识你。自吹的朋友遍天下是不靠谱的。

人类学家罗宾·邓巴在 20 世纪 90 年代提出著名的"邓巴数字"定律。该定律根据猿猴的智力与社交网络推断出：人类智力允许人类拥有稳定社交网络的人数是 148 人，四舍五入大约是 150 人，精确交往、深入跟踪交往的人数为 20 人左右。

朋友是需要长久的。

向上学，向下帮

"向上学，向厉害的人学习；向下帮，帮助需要我们的人。"这是我在社群听到的一个拓展朋友圈的心法。

在向上学的这一点上，同样是付费学员，如何才能让老师多关注我一点呢？

2017 年 2 月，我第一次自费参加了 DISC+ 社群的双证班认证课程，通过课程的学习，获得了 DISC 授权讲师认证以及顾问认证。我通常会比其他同学更早一点到达培训现场。这个时候，主办方多半还在布置场地，我就可以加入他们的队伍。作为一名新生，总是能留下一个好印象。在学习的过程中，积极参与互动，积极回答老师的问题。这不仅能让老师加深印象，也可以留下更多的培训现场照片。课程结束后，我认认真真复盘，让老师和同学们看到我的正向反馈。用心的复盘文字，很有可能成为日后课程宣传的素材，无形当中就帮我扩大了影响力。

2019 年，DISC 人际关系训练营上线喜马拉雅平台，成为"123 知识狂欢节"的销冠。在推广软文中，其中就有一段是我的内容，这无形中是给我做了免费的宣传。

一路走来，我收获满满。从课程中的一员，到助推、团长、班主任等身份参与幕后的工作。久而久之，我就成了老师眼中不一样的存在。我始终相信：任何事情都有值得我学习的地方。

我再用付费学习的收获，帮助有需要的人，通过线下活动、直播、短视频的方式去传播。我在 DISC+ 社群陆续参加了数十门版权课程的学习，也因此加入了很多社群。其中一个是有关教育集团的"播种有方"的课程体系。学成归来后，我通过知识分享，影响了上百个家庭加入了我们的社群，他们通过对智慧父母的五种能力和孩子十大卓越品质的了解，掌握了行之有效的育儿理念和工具。

当个人在群体中产生了一定影响力之后，会吸引那些拥有同样意愿的人靠近。后来我和几位小伙伴成立"智雅成长中心"，社群的伙伴们就成了第一批种子学员。同时，通过产品赋能，社群伙伴之间开始各种联动和相互支持，启动一些小项目，比如做视频号、连麦直播等，形成了更大的影响力。

为他人创造价值，也是在提升自己的价值。帮他人赚到，也会帮自己赚到。那些更优秀的人和你为其创造价值的人，就变成了宝贵资源，并在你推出自己的产品之后，成为你的第一批支持者。

强朋友圈

朱迪·罗宾奈特被媒体称为"超级给予者"，在连接人际关系网络和社会资本方面展示了惊人的能力，并由此在创投领域获得了巨大的成功。她在《给予者》书中分享了"5+50+100"的公式，即拥有 5 个顶级关系人、50 个关键关系人和 100 个重要关系人。

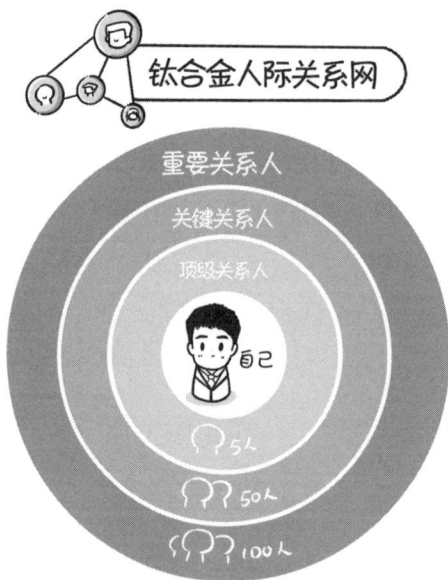

通常，顶级关系人是自己的家人，关键关系人是自己从小玩到大的朋友、亲戚、导师等，重要关系人是自己的同学、同事、社群结识的朋友等。

如果你说，我哪有这么多关系人呢？没关系，重点是质量而非数量，而且数量是可以慢慢增加的！找到那些我们生命中重要的人，并持续为他们增值。

判断是否将新人加入强朋友圈时，问自己三个问题：

第一，他是不是自己强朋友圈的朋友介绍过来的？

第二，双方的价值观符合吗？

第三，当下或者未来，双方能相互支持吗？

若三个答案都是肯定的，就可以把新人加入自己的强朋友圈。

这对于个人和职业发展都很重要。然而，有时我们可能会陷入一些困境，如与老朋友的关系发生变化、与不良朋友的交往影响了我们的生活，甚至在结交新人时迷失了方向。对于此类困惑可以把握三个主要原则：体面地离开老朋友、遇到损友及时止步、建立甄选新朋友标准。

1. 体面地离开老朋友

在漫长的职业生涯中，我们大概率会换公司、换工作。在这种情况下，我们需要学会体面地离开。

2021年，在我离开工作了14年的原公司之时，对有重要交往的部门和同事，我都通过微信送出了我的感谢之言，还在公司附近经常聚会的餐厅订了包间来告别。山不转水转，今朝分离，他日聚首。一场体验好的告别，可以让原来的这些关系继续得以延续。公司的大群，自然是需要退的，但是，这并不影响我和原来同事们的私交。虽然离开原来的团队已经两年有余，但是每每原部门同事有重要的活动，都还会叫我前去参加。

如果因为不愉快的事情导致离开一家公司，可以通过和老同事、老领导一起吃顿饭，来缓和关系。峰终定律告诉我们，最后结束之时的感受，将很大程度上决定着一段关系未来的走势。人生的很多正向关系，我们要细心维护。

2. 遇到损友及时止步

在人际交往中，我们可能会遇到一些对我们产生负面影响的人，也就是所谓的"损友"。这些人可能常常抱怨或者滥用友谊。当发现有这样的情况，我们应该果断止步。

直到在写这本书时，我才发现自己过去对这方面的觉察是比较薄弱的。所以，以后要提高自己对情绪的觉察和调整能力。敬而远之不失为一种不错的选择，与他们保持距离，寻找更积极和有益的人际关系。

3. 建立甄选新朋友的标准

建立友谊之前，我们应该明确自己对朋友的期望和价值观。建立甄选新朋友的标准可以帮助我们筛选出与我们志趣相投、具有积极心态和良好道德品质的人。例如，我们可以考虑与那些目标感强、乐观向上、诚实守信的人建立联系。还可以关注对方的人际关系、言行表达方式和对他人的态度。通过建立甄选新朋友的标准，我们能够与那些真正和我们产生共鸣并能够相互支持的人建立起深厚的友谊。

总结起来，这些是我们个人和职业发展的重要组成部分。遵循三大原则助力构建健康、积极的人际关系，为自己的发展和幸福打下坚实的基础。

◎ 总结

　　电影《神奇女侠》中，男主角史蒂夫决定独自驾驶装满毒气弹的飞机到空中引爆。女主角恳请替他前往，他不同意，还说了句话，"我来拯救今天，你要去拯救世界。"

　　即使是电影中的主角，也不能一个人搞定所有事情。每个人都不可能独立于这个世界上，所以，我们总有需要别人帮忙的时候，更多的时候是互相帮助。

　　在这个过程中，锦上添花不如雪中送炭，在别人有需求的时候及时给予帮助。了解人就是了解他的需求，激励人就是满足他的需求，培养人就是开发他的需求。我们要做发现需求的高手。

社交焦虑

跟陌生人说话时，你是不是会不自觉地脸红心跳，说话也结巴？在聚会时，你是不是会不知所措，不敢主动搭话，害怕遭到别人的反感与冷漠？在公开场合，你是不是不敢上台讲话，怕自己出糗，造成尴尬的局面？

如果是，你是不是常常自称这是"社恐"的表现？其实这大概率不是所谓的"社恐"，多半只是一种社交焦虑罢了。我们可以调整心态，以一个更加积极的态度面对社交这件事情。

只是一种焦虑

所谓的"社恐"，其实往往是很不准确的。因为大多数人没有达到这个程度。

他们不是不想社交，而是不知道如何应对社交场合出现的种种状况。他们不想成为人群的焦点，在意别人的看法，害怕说错话，担心造成冷场的尴尬。与人交流时，会觉得不舒服、不自然。

焦虑是一种无现实体验便能够引起的情绪感受，是紧张担忧等情绪的综合表现。社交焦虑是依据经验，通过"想象"在脑海中"建构"出来的，一个或多个可能会发生的、让人感受到不舒服的社交情境所产生的情绪体验。

在我接触过的很多自认为有"社恐"的伙伴当中也得到了印证。比如，我曾经就有一位同事，是设计专业的高手，设计能力一流。但是，每当邀请他在会议场合分享设计心得时，他总是会下意识拒绝。后来，在一次谈话中，我尝试去探究他行为背后的原因。他说，在小学阶段，有一次老师让他回答问题，由于思考的角度有些另类，结果他的回答被班上的同学拿来开玩笑。自此，他就不敢在人前表达自己，慢慢就形成了自己的一个思维定式。

如何改善

焦虑主要来源于两点：一是上文提及之前糟糕的社交体验，担心这样的"感觉"会再次发生；二是因为对于自己高期待、高标准，在表达之前总是不断地自我推翻，从而导致焦虑。

如果你内心并没有想改变的意愿，可以允许自己不去改变。毕竟，表达自己也不见得一定要站在舞台中央大声发言。可如果类似这样的经历让我们感受到了困惑，想要尝试做些改变，不妨试试下面的方法。

1. 做好准备

比如你害怕演讲，我们可以先通过学习演讲的技巧增加信心，然后可以去参加其他人的演讲适应现场氛围，最后自己上台演讲。当然这只是一个例子，其实就是进入相应的场景，不断尝试，直至能够应对自如。

在尝试用这个方法的时候，可以参考以下步骤：

第一步：为自己建立一个表格，把那些让我们有感到焦虑的事按照程度从低到高列出来。

第二步：对表上的事情进行逐步分析，尽可能周全地考虑到可能会出现的状况，做好应对不适体验的心理建设。

第三步：按照列表从低到高去尝试，一心一意去关注事情本身。在尝试之后再来问问自己的感觉。

几次尝试之后，你就会发现，很多场景只是"想象中"比较糟糕。一旦进入场景，就能够做到应对自如。所以，你需要的只是一个开始。很多时候，我们只要微微调整一下心态，就能收获截然不同的感受。比如，我在2022年参加《演讲教练》课程时，两位导师问："如果自己的讲话是一份礼物，那么你们希望这份礼物可能是什么？它是观念还是新知？是道理还是欣喜？是认可还是赞美？"两位导师把讲话罗列整理，变成了32种礼物清单，这份清单大大增加了我表达时候的信心。

2. 模拟练习

那些萦绕在我们脑海里的"糟糕可能"让我们如此不安，那么提前去感受这些不舒服的情境，不失为一种好的方法。比如，通过录音或者录像的方法把自己的模拟练习记录下来。很多人有一个误解，他们觉得那些在舞台上谈笑风生的表达者，全都是信手拈来。其实事实并非如此。

　　我每年都会观看某跨年演讲。4 个小时的演讲后，演讲者和大家倒数十个数，一秒不差地步入新年。倒数后，再把最后一段讲完，节奏不乱，这是如何做到的？

　　演讲者在其公众号上自我揭秘，其实诀窍说出来很简单，就是靠团队。首先把最后一段，也就是倒计时前三分钟那一整段，必须背熟，连语气、节奏都不能乱。这样，就把控制点提前了三分钟。不管前面讲成什么样，和观众一起跨年的那一个段落都不会乱，而且情绪也是对的。再然后，就是通过前期的反复演练，掐出每一段的时间。现场执行时，有同事会盯着时间表和进度。每一段，快了还是慢了，都会有同事进行提醒，然后演讲者适当加快和舒缓节奏。

　　这么厉害的演讲者都要如此认真地练习，更何况"恐惧"表达的我们？台上一分钟，台下十年功，那些台前的绚丽，都是靠台后的无数次练习。事先预演可以有效帮助我们将脑海中的抵触与不安消除，在练习的过程中我们就会发现：原来这件事情也没有那么可怕，自己有足够的力量去应对这一切。

当然了，即使做了事先演练，在实际的场合里也可能会因为紧张而忘词，所以演讲的逻辑、表达的思路是非常重要的。如果我们把表达结构框架牢牢地记在脑子里，就算忘记一些句子，表达时也不会自乱阵脚。我们也可以为自己准备一个备忘录，到了紧要关头可以拿出来看一看，找回在模拟练习中学会的"掌控感"。

社交第一准则，接纳你自己

一个人之所以会对社交感到焦虑，是因为对社交有很多认识上的误区。基于这些误区，产生了各种社交回避行为。所以，克服焦虑的思路和方法主要在于两个方面：一是改变想法，二是改变行为。

1. 我们要学会接纳自己

作家托比亚斯·艾特金斯曾有社交焦虑。他尝试了各种方法，经过15年终于战胜了社交焦虑，最后把自己的亲身经历和心得方法记录下来，便有了那本《我并不孤独》。在《我并不孤独》一书中，他说："要克服社交焦虑，必须要做的第一件事就是接受你是谁，你在哪儿，并与之和平相处。"

2. 我们要学会独立，放弃依赖

部分人有个错误的观点，就是觉得别人应该喜欢自己、支持自己、爱自己。如果我们这样想，必然会有与此相反的情况。更为恰当的应该是：为什么非要别人喜欢和关心我们？我们可以靠自己，别人并没有义务来爱我们。

3. 我们要给予自己合理的期待

对自己期待很高是不是合理的？有人考试得了 60 分，已然在欢呼；有人考了 98 分，却还闷闷不乐想着那 2 分到底丢在了哪里。

对自己没有合理的期待，即使我们已经取得了一些成就和进步，依然很难享受成功的喜悦。那些脱离了自己能力的目标是浪费时间，还会增加自己的痛苦。所以，我们应该去设定一些合理的、自己能够完成的目标，这样才能增加幸福感。在社交这件事情上，不是每个人都能成为"社牛"。

人少不了社交。觉得自己不善于社交的人，可能是由于害怕别人因为我们的举动或言语对我们产生不好的印象。这种"不允许自己犯错""希望自己可以完美"的想法会让我们格外在意别人对我们的看法。而这种在意，恰好就是我们自身的某种胆怯和不能接纳自己身上的缺点，所以才认为别人也不能够接受。

事实上，我们只是在进行一项非常平常的社交活动，这种活动每时每刻都发生在世界的各个角落。它或许对你来说很重要，但是它本身是一件普遍的事情。你和所有人都一样，并不是时时刻刻都是别人眼中的焦点，即使暴露了一些"缺点"，也没有人会盯着不放甚至因为这点而否定你。

以平和的心态去看待、处理社交这件事，才能够让我们获得更好的社交体验，真正脱离焦虑，放松下来。

🎯 总结

有一个"聚光灯效应",指的是我们总会高估别人对我们的关注程度。其实,那些我们担心的事,别人可能根本没那么在意。

所以,不要担心,只要自己愿意,整个世界都会向我们敞开!从现在开始爱与支持别人,从现在开始,接纳自己。

第五章
家　　庭

　　家庭是我们生命中最重要的支持系统和情感港湾，是我们追求幸福和满足的重要来源。家庭成员是我们最亲密的人，亲子教育也越来越受到重视。父母的支持和关爱能够帮助孩子建立积极的自我形象，促进个人的成长和成功。

　　本章将探讨在有限时间内如何做一个优秀的父母、如何培养自律的孩子、如何构建高质量亲子关系、如何建立良好的沟通和理解机制以及共同创造温馨、和谐家庭氛围的方法。

平时工作忙，如何在有限的时间内做个"好爸爸"

我有两个孩子，一儿一女。有了第一个孩子后，两孩政策实施，我和妻子想着再生一个。老天眷顾，让我在 2019 年凑成了一个"好"字。当然，最要感激的是我的妻子。

打开新媒体平台，我们常常看到很多有关家庭教育的文章。其中一些是关于问题的：没时间陪孩子、亲子沟通不畅、缺乏教育方法等。每每看到这些问题，我的内心总是希望自己能做些什么去改变一点现状，这也是我创作本书的一个重要原因。

有个别在职场上非常成功的爸爸，但是在家庭关系处理上却不合格，因为疏于对家庭、孩子的照顾而导致最后家庭关系破裂。所以，我倡导要在工作与家庭中找到那个平衡点，扮演好"爸爸"这个角色。

如果让你给自己作为爸爸的角色打个分，1 分最低，10 分最高，你会给自己打几分呢？

经常和孩子一起游戏、运动。（   ）分

不断地自我学习修炼，提升自己为人父的素养。（   ）分

能够及时发现孩子的变化。（　　）分

支持和尊重孩子的妈妈，夫妻恩爱。（　　）分

努力成为孩子的朋友，亲子关系融洽。（　　）分

爸爸去哪儿了

《爸爸去哪儿》是一个综艺节目，这个节目反映出了一些问题。为了工作，有些人不自觉地缺席孩子的成长，成了"影子爸爸"。孩子经常问：爸爸去哪儿了？爸爸怎么又没回家？爸爸怎么又不在家？

有的爸爸，孩子睡着了还没有回来，孩子去上学时还在休息或者又早已匆匆忙忙地上班去了。同住一个屋檐下，也许一连好几天连面都见不上，更不要说陪伴孩子。在孩子的成长过程中，父母的爱是缺一不可的。孩子是需要被爱滋养长大的。所以需要父母共同去呵护孩子，孩子才能正常、健康、幸福成长。

有这样一个故事：有一位爸爸，平时工作很忙，没有时间陪伴孩子。有一次，孩子就问爸爸："爸爸，你每小时能赚多少钱啊？"

爸爸说："一个小时可以挣 150 元呢，你为什么这样问？"

孩子又问："爸爸那你能给我 30 元吗？"

爸爸不希望孩子打扰他的工作，于是就给了孩子 30 元。

过了一会，孩子从他的零用钱里凑够了 150 元，对爸爸说："爸爸，这是 150 元，你能不能陪我一个小时？"

当我看到孩子的举动时，我的眼眶湿润了。

　　一档节目中也有过这样一段采访。节目组问孩子们："最爱的玩具和爸爸陪你玩一天中，你们选哪个？"孩子们都给出了一致的答案："选爸爸陪我玩一天。"

　　一本书中写道："在教育孩子的过程中，如果爸爸缺席，孩子的成长就会缺'钙'。"如果孩子缺"钙"，在精神上就会变得"矮小"。

　　在一节亲子课堂上，老师问现场的小朋友："你认为爸爸妈妈最不应该做的事情是什么？"孩子说："打骂孩子，乱吼乱叫，还有就是不陪伴孩子。"现场大部分都是十四五岁的孩子，他们依然对陪伴有这么高的需求，幼儿园和上小学的孩子只会有过之而无不及。父母有没有陪伴，孩子心中最清楚。

　　有这么一个话题：那些没有爸爸陪伴的孩子，后来都怎么样了？高赞回答中出现的答案都是：缺乏安全感、缺乏独立能力、遇到挫折很难应对。

　　《忙碌爸爸也能做好爸爸》的作者罗宾森是医学院的教授和医生，还是三个孩子的爸爸。就是这样一位忙碌的爸爸，仍然用自己的陪伴与爱，成为孩子们心中的好爸爸。

如何当一个好爸爸

　　如何当一个好爸爸？好爸爸没有标准，每个人对"好"的理解都不一样。我认为好爸爸的最低标准是：要有爸爸的样子。不是长得高、长得帅，也不是千杯不醉、能运动。爸爸的样子，就是要有责任和担当，这是孩子的起跑线。我们的一言一行都在被孩子模仿。我们要成为孩子的榜样。比如，下一次再想发火时，可以深吸一口气，告诉自己冲动是不对的，因为我们的背后还有一个家庭，孩子还在盼着自己平安归来。

教育家曾说："爸爸的言行就是无声的老师，自觉或不自觉的榜样，都会对孩子成长发挥潜移默化的作用。"

曾看到过这样一个故事：妻子特别重视对儿子的家庭教育，每天都叮嘱儿子要认真学习，要懂礼貌、守信用，可儿子经常是左耳朵进右耳朵出。和妻子的念叨不同的是，丈夫每次下班回来都是在书房看书，很少特意教育儿子。妻子看到丈夫对儿子的教育这么疏忽，忍不住对他生气道："不要再看书了，再不管管儿子，他就要走下坡路了！"这时候，丈夫缓缓抬起头说："我每时每刻都在教育儿子，只是你没有看见而已。"

在孩子眼里，爸爸一直是力量、智慧、英雄的化身。要想取得理想的教育效果，爸爸们一定要以身作则，时时、处处、事事严格要求自己，成为孩子人生的榜样。

顾家爱妻子

爱，是孩子幸福的源泉。孩子这一生可能遇到各种挫折、困难、失败、风雨，如果内心没有力量就很容易被击倒。力量，主要来自爸爸。如果爸爸能给予足够爱的力量，哪怕在人生的至暗时刻，孩子心中也会有一盏明灯为他照亮前方。所以，爸爸至少可以做两件事：一是爱自己的妻子，因为和谐的夫妻关系是最好的教育；二是顾家、爱家，分担一些家务。

《爱的五种语言》告诉我们，人们用来表达爱的语言主要有五种。

1. 爱语是肯定言词

肯定的言词，是指鼓励、仁慈的话语。你是否会经常用一些肯定的言辞表达对妻子的赞美呢？在一起生活久了，千万不要理所当然、习以为常。

2. 爱语是精心时刻

所谓精心时刻，就是两人一起做一方喜欢做的事情，并让妻子感觉到"你关心她"。当有了孩子，似乎一切都围绕着孩子转了，夫妻之间也少了很多属于彼此的时间。所以在安排亲子时光的同时，也不要忘了为你和另一半安排一段亲密时光。

3. 爱语是接受礼物

中国有句古话，叫作礼多人不怪，更何况是对另一半！礼物是思念的象征，是能让另一半感受到你的爱的一种媒介。礼物也可以不是实物，比如《父母有方》课程中有个环节，就是要给自己最爱的人写封信。我现场洋洋洒洒写了一封长长的信表达了对妻子的感激之情，然后把信发给妻子。当天晚上妻子也没多说什么，但是第二天早上突然微信留言跟我说："一翻翻到了 2014 年（的朋友圈）。"这说明前一晚的信勾起了她很多美好的回忆。

4. 爱语是服务行动

服务的行动并不限于做家务，而是涵盖了所有对伴侣表达爱的行动。

5. 爱语是身体接触

牵手、拥抱能增加生活的幸福感，也是我们向配偶表达爱的好方式。无论用什么方法，顾家和爱妻子，能够为孩子的成长造就良好的环境，让孩子在爱中滋养成长。

爱的5种语言

高质量参与家庭经营

没有陪伴就没有教育，因为 0～6 岁是一个人安全感建立最重要的时期，而这个时候如果孩子的安全感没有建立好，是很难逆转的。亲密感是需要在陪伴中建立的。幼儿园时，孩子年纪小感觉不出来，随着年龄慢慢长大，特别到了青春期，就会发现你说的话孩子不听了。这不是教育的方法出了问题，而是关系出了问题。

有爸爸可能会说："我也想啊，但是我需要工作赚钱，我也没办法。"我们真的是没办法吗？没办法、没时间陪孩子，这要好好想一想，是不是价值排序的问题？

如果孩子出了较大的问题，大多数父母一定会放下手头所有的事情，甚至是放弃工作。孩子会很快长大，爸爸的陪伴始终是有期限的。如果没有意识到这个问题，错过的爱就再也没办法弥补了。

心理学家说："爸爸是教育孩子、向孩子指出通往世界之路的人。"那么，爸爸如何才能在孩子通往世界之路上不缺席呢？其实，只要爸爸能够抽出固定的时间来陪伴孩子，即使只是有限的时间，也能提高陪伴的质量和效果。

自从参加《正面管教》的课程后，我就和孩子约定每周会安排和他固定的亲子时间。亲子时间里玩什么、怎么玩，完全听孩子的，并且在玩的过程中一定要全身心投入。为了丰富家庭时光的美好回忆，我也在网上买过各种道具，比如魔术套装、科学小实验套装、一家人要一起完成的 100 件事情，等等。现在，一套浓缩了人生八大平衡智慧的游戏，成了他的最爱。我感觉意外的同时，也觉得很欣慰。

在《富中之富财富海洋人生罗盘》课程上，老师曾说过一句话："大多数人用生命中的大多数时间在赚钱，却忽略了去规划一个真正值得拥有的生命。"爸爸曾经用心陪伴的时光，都将成为孩子脑海里最美好的回忆，会化作一种无形的力量，让孩子一生都充满能量。

◎ 总结

前几天，我给我的爸爸做了一个奖杯，上面写了一句话：父爱无声，却一直都在。爸爸的爱，向来含蓄且内敛，很多爸爸只是不善于直接和孩子表达自己的关爱。当我还是孩子的时候，我还没有体会到这深沉的父爱，也是在自己成为爸爸之后才逐渐理解。

专家说："家庭的架构就像一栋房子的框架。如果爸爸没有发挥职能，那房子的某一部分肯定是要坍塌的。"爸爸，不仅是一个称呼，更是一份责任与担当。作为家庭的顶梁柱和主导力量，爸爸更应该扮演好自己在家庭教育中的重要角色。爱孩子的高境界，不是给予，而是陪伴。愿每一个爸爸，都能用心陪伴、细心呵护，成为孩子成长路上的领航人。

对孩子表达自己的爱，任何时候都不晚。就像《猜猜我有多爱你》一书中，小兔子最后对大兔子说道："我爱你，从这里到月亮那么远。"大兔子回应说："我爱你，一直到月亮那里，再从月亮上回到这里。"

爱最简单的表达是什么，其实就是陪伴。爸爸温暖的拥抱、宽厚的臂膀，会让孩子充满幸福感与安全感。

如何培养自律的孩子

中考后的一天，微信群炸开了锅。杭州的一位家长兴奋地说，他儿子小琪考上了杭州的重点高中。家长们纷纷送上祝贺，同时也争着向他讨教育儿经验。他说："其实没有特别的育儿经验，就是要从小培养孩子的自律性。我工作太忙了，根本没时间督促孩子学习。孩子能考进重点高中，全靠自律。"大家纷纷感叹。

作为一名家庭教育指导师，我很认同：为人父母最大的远见就是让孩子把自律变成一种生活方式。不能自我主宰的孩子，是很难从"他律"走向"自律"的。

其实父母才是孩子的起跑线。孩子的自律不是天生的能力，而是后天培养出来的。在自律这条道路上，父母首先要做好榜样。

是"陪着"还是"陪伴"

2018 年 6 月，我和妻子一起去广州参加了正面管教创始人的《职场父母的正面管教》课程。那是我第一次接触正面管教，

第一次感受到课程所强调的和善与坚定的力量。在讲到要给孩子有效鼓励时，她鼓励家长们定期按计划陪孩子享受"特别时光"，这是父母能为孩子做的最令人鼓舞的事情之一。

"特别时光"对建立良好的亲子关系是非常有效的，尤其是在多个孩子的家庭中。现今职场父母的压力很大。同为职场中的爸爸，我深有体会。有时候，身在孩子旁，心却在工作上，是"陪着"而不是"陪伴"。

但我们还是要尽量做到工作和家庭平衡。父母的世界，很大；而孩子的世界，或许只有父母。孩子成长过程中的一切行为，都在无声呼唤着父母的关注。孩子是否能从"他律"走向"自律"，高质量的陪伴，是第一道关。

陪伴在质，不在量。孩子在 2 ~ 6 岁期间，父母至少保证每天 10 分钟的"特别时光"；孩子在 6 ~ 12 岁期间，至少能保障每周半小时。一年下来，孩子也能集齐一整桶的爱，去滋养他们的信心、坚定、专注与果敢。

是"安排"还是"商量"

暑假，我的儿子小新，终于顺利完成跆拳道的晋级考核，拿到了黑带。

小新4岁时，我做了一个决定：帮他报名跆拳道兴趣班。是的，在没有征求他意见的情况下报的名。我想着孩子还很小，思虑自然不够周全，于是就替他做了很多决定。坦率来说，在我心目中，小新一直都是很乖的孩子。直到2019年10月的一天，他死活就是不肯去练跆拳道。

事出反常必有因，即使是成年人，情绪管理做得再好，也总有想休息的时候，更何况是孩子，他们也有低落、喊累的时候。当这些情绪和情况频繁发生时，父母的解决方法也许会决定我们和孩子的关系走向哪一端。

一位小说家说过："人受到的震动有种种不同：有的是在脊椎骨上，有的是在神经上，有的是在道德感受上，而最强烈、最持久的则是在个人尊严上。"尊重和理解，是一个人行动力的源头。很多时候，不是孩子不自律，而是缺乏自律的动力。所以，请把孩子当作成年人一样尊重。在整体条件具备的情况下，放下"我为你好""我安排你做"的执念，让他们参与到家庭、生活的决策中来，承担自我管理的责任，形成自我负责的闭环。

我问他："如果不想去练跆拳道，你想去做什么？"

他说："我想去看电影。"

回想起两天前妻子跟我说，儿子曾经表达过想每周减少一节跆拳道课程的学习安排。于是我和儿子进行了一番沟通，最后达成的协议是：周六晚上我们就利用练习的时间偷偷去看场电影，然后把当晚没上的课程调到周日下午两点半补课。但是，这是我们之间的秘密，不能让任何人知道。我们计划好了一切，买好了水果饮料，就去电影院看了电影。

第二天，我和他偷偷去看电影的事被妻子知道了，原因是周日下午小新姑姑要送他去跆拳道馆时，他又找理由推脱，又想换时间。

通过上一次的沟通，我掌握了一个信息，就是他不想去上课是因为觉得有位教练太"凶"（其实是严格）。于是，我利用送他上学的时间，父子俩又展开了一次谈话。

我："小新，我看到一个情况是昨天下午你没有按照约定去参加跆拳道的训练（观察），当爸爸了解到这个事情的时候，我有些生气（感受）。因为咱们就此事在周六的时候已经达成约定，而你打破了一个规则，这让我觉得咱们的沟通是失败的（需要）。你愿意就昨天的事情和我再聊一聊吗？（请求）"

小新："嗯。"

我："那你能告诉我昨天为什么又不想去上课了？"

小新："因为我让姑姑问了下教练，说可以把补课调整到这周二或者周四。"

我："哦，是因为时间可以继续往后推迟，所以你又准备换个时间去，是吗？小家伙，知道吗，你这种行为叫作'拖延症'。你不想去的真正原因还是觉得教练太'凶'了是吗？"

小新低声说了句："嗯。"

我："我给你讲个故事吧。从前有个国王，有一天他外出旅游，结果不小心脚被石头割破了，他很生气，于是就命令士兵用牛皮把路上铺满，这样他就不会被石头割破脚了。你听完这个故事觉得有没有不妥的地方？"

小新："他们用牛皮铺路啊，要用很多牛，好残忍！"

我："喔，看得出你很敬畏生命，这点特别棒，就像我跟你说过的，那除了这一点外，还有其他不妥的地方吗？"

小新："其他，其他……我想不出来了。"

我："假如这个皇帝今天要去这旅游，明天要去那旅游，你觉得要用多少牛皮才够把路面铺满？"

小新："我觉得要用很多！"

我："很好，如果把牛皮铺在马路上，经过风吹日晒雨淋，你觉得牛皮多久就会坏掉？"

小新："应该很快就会坏了。"

我："你看，我们去改变外部的环境是不是很困难？所以，有个聪明的大臣就和皇帝说，其实你不需要这么麻烦，你只要将牛皮裁成两片，把自己的脚包裹起来，就不会受伤啦。"

小新："就像我们现在穿的鞋子是吗？"

我："是啊，这就是我们鞋子的由来。为了怕被尖锐的石头割破脚，我们的祖先就想办法在自己的脚上下了一番功夫。所以，你看，我们要去改变世界和改变自己，哪个更容易？"

小新："改变自己！"

我："爸爸跟你用一个故事打了个比方，回到现实中，就拿跆拳道这事来说，你不想去上课的原因是因为教练太'凶'了，可是教练就是那个外部环境，我们改变他们是不是比较困难？"

小新："是的。"

我："我其实是可以去和他们沟通，让他们要求教练对你不要太'凶'。可是，如果我这么做了，你猜教练听到后会怎么想？还记得上次当妈妈去询问班主任你的情况时，你是怎么想的吗？所以，如果我真的这么做了，结果可能会怎么样？"

小新："适得其反。"

我："小新，如果把'凶'换成另外一个词，你会用什么词？"

小新："严格？严厉？"

我："很好，其实你们教练是一种对训练严格的态度，不是吗？在你们训练馆，你的照片是摆在第一排第一个位置的，这个位置意味着什么你知道吗？"

小新："意味着我是排头兵，是榜样。"

我："对，那既然是榜样，你觉得什么样的人才能成为榜样？如果我们三天两头想着不去上课，可能会遇到什么情况？别人训练比你刻苦，是不是就可能超越你了？你觉得教练对你们'凶'是什么原因？"

小新："因为我们的动作不规范，没有达到要求。"

我："很好，那我们可以怎么做，就可以改变教练，让他对我们不那么'凶'？"

小新："努力练习，把动作做得更规范！"

我："很好，只要我们把动作做规范了，教练就会认可我们，就不会'凶'我们了，对吗？所以我们要做的事情是改变自己，多多投入练习，同时回来以后，在家里，你继续当教练，来教我好不好？"

小新："好！"

我："我们拉钩，接下来，看你表现咯。"

所以，不要用"安排"替代"商量"。每个人都会对自己参与讨论并最终认可的内容付出更多的行动力。

是"指指点点"还是"指点"

"跟你说了多少次，用完的东西放回原处！"

"作业做完了吗？没写完还在那里玩？"

"你看看你们班的琪琪，这次又考了满分吧！"

"能不能不要再磨磨叽叽了？"

"这道题目都不会！"

…………

随着孩子一天天长大，有些家长总觉得"越来越难教"。很多小事，说了无数次，他们既不听，也不做，就像故意作对。其实，这是我们的说教行为陷入了"超限效应"。

如果受到过多、过强或时间过长的外部刺激，人们就很容易产生本能反应，更何况是孩子。有些家长每天在孩子面前指指点点，让他们产生了抗拒心理，这样的做法丝毫没有起效果，但是部分家长却还对自己的方法一如既往坚持。

孩子需要父母的"指点"，但是，很多时候并不需要我们"指指点点"。一种有效的教育方式是：用"做"代替"说"。父母需要掌握的原则是：我们心甘情愿做的事，便用行动做给孩子看；我们不愿做的事，便用"结果"让孩子去体会"后果"。比如：随处丢弃玩具，下次再玩时，自然是找不到的；磨磨蹭蹭上学迟到，自然要遭到学校的"处罚"。待到事后，家长再用简单的道理与耐心地讲解，让孩子体会到"自律"的好处。这才是恰到好处的"指点"。

是"奖励结果"还是"肯定过程"

"把作业做完了，你就可以去看电视！"

"期末考试如果都是 90 分以上，妈妈就带你出去玩。"

"坚持一周自己叠被子，奖励你一个礼物。"

…………

父母在家庭中是资源掌控方，我们会用类似于物质奖励的形式去引导、约束、管理孩子的行为。但需要注意过度的话可能造成孩子看似自律听话，实则其内在动机被逐渐吞噬。

观察上述的对话不难发现，关注"完成作业""考到 90 分"等具体目标，相比关注单次的结果，我们更应该关注孩子达成结果过程中所表现出来的那些卓越品质，比如自律。自律不是一种结果，而是一种热爱。真正的自律，需要激发内在的动力。真正能让孩子持久、快乐地学习往往是找到了学习的乐趣，而非被物质所吸引。真正生活习惯良好的孩子，是他们从中体会到了安全感与满足感。

一个孩子长大成人，需要十几年；教育好一个孩子，没有捷径可走。

是"临渊羡鱼"还是"退而结网"

坦白说，当我们看到别人家的孩子获得荣誉，内心一定会产生羡慕之情。于是，总会有对比之心。

"这次考试班里排第几名啊？"

"你的好朋友这次考了多少分啊？"

有门门课程考第一的孩子，自己的孩子可能会差一点，但是大概率也会有个对标的对象。有些家长看到别的孩子取得的成绩羡慕不已，自己却不付诸实际行动，总因为这样那样的事情耽搁着，其结果也只能是"临渊羡鱼"了。

成功的重点就在于"退"和"结"。"退"是一种心态，"结"是方法和执行力。羡慕一个人很容易，但由"羡"到"退"再到"结网"却是一个艰难的过程。唯有确立目标，日复一日，坚持不懈，心中的期望才能够得以实现。

父母要摒弃"临渊羡鱼"的心态，协助孩子一起"退而结网"。"春耕"方能"秋收"。孩子未来的模样，始终藏在家长现在的努力里。春耕秋收的中间，别忘记还要不断"除草施肥"，还要有足够的"阳光"和"雨露"。

是"言传"还是"身教"

曾流传过这样一张照片：妈妈带孩子坐地铁，妈妈捧着一本书，孩子也捧着一本书。照片想要传递的道理很简单：父母的行为影响着孩子。父母的言行，就是孩子的参照。

父母若不自律，很难培养出自律的孩子。不妨观察一下：爱玩手机的父母，孩子可能手机不离手；生活低沉的父母，孩子可能也提不起精神；想要孩子懂得控制情绪，父母先要做到情绪稳定；想要孩子认识读书有用，父母先让孩子看到读书有用；想要孩子早睡早起，父母先要做到作息规律。

苏霍姆林斯基说："对一个家庭来说，父母是根，孩子是花朵。如果根坏了，花朵肯定会枯萎。"

◎ 总结

诚然，自律不是一件容易的事。甚至有人说，真正的自律，是"反人性"的。的确如此，人们都想趋易避难、趋利避害，要做到自律，便须克服及时满足、及时行乐的心态。若父母都做不到，孩子更加难以做到。

教育的路上，习惯是核心。父母良好的教育习惯，是培养出好孩子的基石。好的人生，没有捷径。从习惯做起，帮孩子养成自律的习惯，是父母送给孩子一生的财富。

高质量的亲子关系有哪些秘诀

感情的最小单位是在乎，最大的单位是陪伴。高质量的陪伴对于孩子的成长至关重要。既然陪伴是给予孩子最好的礼物，怎样的陪伴才是孩子最需要的？

在弄清楚这个问题前，我们首先需要明白什么是亲子陪伴。亲子陪伴不是陪着，时时刻刻陪在孩子身边并不代表真正意义上的陪伴。合格的亲子陪伴应该是心理上的陪伴，是以平等的身份、对等的心态陪伴孩子，而不是端着家长的架势俯视孩子、一味说教，也不能事事控制孩子，或者替孩子代劳。

陪伴孩子需要时间，时间从哪里来

万德坎姆说："我们不能创造时间，但是时间会自己调整，去适应我们选择去做的事情。"时间对我们每个人来说都是最宝贵的资源。怎么使用它，选择权在我们自己手中。你所做的每件事情，你花的每分每秒，都是自己的选择。

所谓的"我没有时间"，意思就是"这件事不是我的首要任务"。其实时间一直在那里，只是我们用来做了不同的事而已。所以不要说"没有时间"。当你足够重视，就会有时间；当你总是找借口，就永远没有时间。

1. 创造陪伴孩子的时间

生活在一、二线城市，通勤时间是需要考虑的一个因素。有一次，我曾经在一个微信群里和其他伙伴就这个话题展开讨论。一位生活在上海的朋友，每天上、下班来回需要 4 个小时，因为工作地点附近的房子又旧又贵。这其实也是一种选择。

我是一位生活在杭州的朝九晚六的上班族。日常能和孩子互动的时间，也就是每天晚上回到家的时间。所以，如果每天通勤的时间过长导致无法陪伴孩子，那么我们可以考虑换个居住环境，甚至可以考虑换份工作。

另外就是每天早上送孩子上学的时间。从我家到学校，大概需要 15 ~ 20 分钟，这个时间其实也是建立亲子关系的绝佳时间。和孩子在一起的每一刻，尽可能把注意力从其他事情转移到对孩子的关心和关注上。

2. 与爱人分工合作陪伴孩子

孩子需要爸爸、妈妈的爱，任何一方的缺失都会给孩子的成长带来伤害。所以聪明的爸爸要善于团结一切力量，要和爱人在亲子陪伴中行程默契、互相补位。平时，谁有时间谁就带孩子，另一位就可以腾出时间来学习和忙家里别的事。

我妻子习惯了晚起，早上送娃上学对她来说是比较有挑战的。而我，基本每天早上六点就会起床，所以，送孩子上学就由我来负责。我也曾经坚持每天为全家制作精致可口的早餐。

妻子是自由职业者，一般放学接孩子都是她负责。我没回到家，她会负责督促孩子学习。晚饭后，再由我来陪娃做游戏。节假日，我们一起带孩子出去郊游、找小朋友玩。

妻子主要管孩子看书学习，我主要负责生活做事、运动及交友。我们各司其职、互相配合，也没觉得生活应付不过来，反而与孩子在一起很放松、很有趣，其乐融融。

3.用心做事，其实也是在陪伴孩子

有专家说："只要有做人的时间，就有教育孩子的时间。"我在家里做得最多的三件事大概就是做家务、看书、与妻子沟通交流。虽然没有直接与孩子互动，但只要在孩子的目光所及之处，孩子能见到我的一言一行，这也是对孩子无声的陪伴，能起到良好的效果。

那么，爸爸的陪伴到底要做什么呢？哪些事情是爸爸必须做，无人可替代的呢？在陪伴中要达成什么样的目的呢？

陪伴孩子，并不需要做什么惊天动地的事，只要把日常琐碎的生活一天天过好，就是很棒的一件事。就是这些小事，让孩子从小有了良好的安全感，开发了语言能力，学会了生活自理，学会了与人打交道，还接触了越来越广阔的世界。

尊重信任、理解接纳孩子

家长对孩子大声呵斥的主要原因，可能就是来自辅导作业。在一些家庭，"一辅导作业就鸡飞狗跳"。

有一位已经退休的家长，在一次连麦中和我们分享了她小时候的经历。有一次，她考试没及格，原本以为回家要挨一顿

骂，结果她的妈妈看到成绩后却安慰说："你看，其他伙伴还不敢去考，你敢去，已然很棒了。"就这样简单的一句鼓励，让这位学员记了五十多年。

现实生活中，这样的例子不胜枚举。比如，当其他小朋友索要玩具时，父母没有征得孩子的意见，直接代替孩子做决定，甚至还不允许孩子哭闹，"要大方，要学会分享"；父母一定要给孩子加上一件衣服，或者要求再吃几口东西；当着孩子的面和他人谈论孩子的缺点、错误。所有这一切可能都是对孩子自我的一种忽视。

过度、不恰当地数落孩子，除了让孩子感受挫折外，还会有不被信任的感觉。这会加大孩子的心理内耗。而信任，会让他们勇敢地往前冲。孩子是照着父母的样子成长的，我们无法忍受他们的地方，恰恰是我们也无法接纳自己的地方。面对孩子的问题，多问自己一句："我做到了吗？"

亲子关系想要和谐，归根结底要家长把榜样做好，接纳自己的不完美，接纳孩子的不完美，也许很多问题就迎刃而解了。我们都是普通人，改变那些我们想要改变的，接纳那些并不能够改变的。一部电视剧里说："平凡的孩子是来报父母恩的，他们可以常伴父母左右。"所以，如果我们的孩子资质平平，也请你接纳和理解他们，守在身边的孩子虽然平凡，却能带给父母踏实的幸福。

放手让孩子成为他自己

有位名人说过这样一段话："这个世界上所有的爱都以聚

合为目的，只有一种爱以分离为目的，那就是父母对孩子的爱。父母真正成功的爱，就是让孩子尽早作为一个独立的个体从自己的生命中分离出去。这种分离越早，你就越成功。"

教育家也说："如果我们懂得爱孩子，就要适当放手，让孩子成为他（她）自己。"在你放手的时候，就是孩子自己自我探索、自我成长的时刻。

给孩子最深沉的爱，是放手。只有放手，让孩子脱离父母这个舒适区，他们才能见识更广阔的天空，才会有更高的视野、更大的格局。父母的格局影响着孩子的格局，父母的高度影响着孩子的高度。孩子的人生属于他们自己。

明智的家长，应学会放手，在人生中，我们不是居高临下、俯身教诲，而是站在孩子身旁，与他们肩并肩，陪伴他们走过精彩的一程。

总结

一个人的成长，总是喜忧参半。在喜中成就，在忧中成长，方能成就完整的人生。父母要耳朵听得见孩子，眼睛看得见孩子。喜也好，忧也罢，都是孩子成长中的一部分，都值得鼓励和赞美。因为，孩子需要的始终是父母的爱与接纳。

高质量陪伴是构建良好、积极亲子关系的有效方式。高质量陪伴，不是让家长付出大量的时间看着孩子，而是要与孩子进行积极、有效的互动，与孩子在精神上产生共鸣。对于孩子来说，这种积极的亲子互动带来的安全感，能够让他们更加自信，也能让他们在社交环境中的沟通更加顺畅。

第六章
休　闲

　　休闲活动丰富了人生的体验，提供了与家人互动、探索新事物和充实自我的机会，有助于缓解压力、减轻焦虑和疲劳，同时还能增强幸福感和满足感，使生活更加平衡和充实。因此，休闲活动对于人生的重要性不可忽视。

　　本章将探讨如何在繁忙的生活中找到合适的休闲方式充实自己的身心；通过外出旅游以小钱换大乐趣，体验不同的文化和风景；利用游戏和互动活动让大人小孩都开心；以及通过艺术、阅读、音乐等陶冶情操，让生活更加丰富多彩，从而达到身心愉悦的状态。

外出旅游，如何花小钱获得大开心

如果说读书是探索与思考世界的绝佳方式，那旅行便是另一种阅读世界的方式，是与真实世界最直观的碰撞与体验。

越来越多的父母意识到：带孩子出去旅行，是增长视野、锻炼能力、开阔眼界的好方法。因此不少孩子不大年纪，就跟着父母去了许多地方。不过，一些父母会以成年人的眼光去判断孩子的收获，即考验孩子的"输出"能力。在旅行途中，我经常听到父母在孩子玩得最开心的时候说一句："回家记得写一篇游记哦。"我感觉孩子的快乐值瞬间下降了。

我们一般会把"读万卷书"和"行万里路"分开来讲，实际上这是一件事：一个是人生的间接经验；另一个是人生的直接经验，把两种经验结合，增加阅历、增加见闻，形成了一个人的人生。读万卷书，是把他人总结的人生经验、知识或信息，转化为自己的东西；行万里路，未必要走过千山万水，在生活中做的所有事情都是行走在人生的道路上。

《报亭》的主角是一个叫奥尔加的女孩，她经营着一个小报亭，也生活在这个报亭中，报亭里售卖杂志、报纸、零食等。工作之余，她最喜欢在报亭里浏览和阅读旅行相关的杂志。她向往旅行，但被困在报亭中。一次机缘巧合，她的报亭带着她踏上了旅程。最后，她和她的报亭一起停在海边，开始了新生活。这本书非常治愈，它告诉我们：只要你心存向往，诗和远方就会实现。

常言道："言传不如身教，身教不如境教（境为环境、情境）。"如有机会，我们应该尽可能多地创造和孩子共同旅行的经历，并努力把每一次旅行变成美好的回忆。

出门旅游如何少花钱

我们都有过这样的经历，兴致勃勃去旅游，结果却获得糟糕体验。因为人山人海，排队买票、排队吃饭、排队进景点，本想带着孩子出门来放松，结果却累得筋疲力尽。

经常带孩子出门旅行的父母应该有经验，带着孩子的旅行是不能按传统旅游线路那样安排的。如果大家都挤在寒暑假、劳动节、国庆节等长假安排家人旅行，坦率来说，成本一定会比较高。市场的供求关系在那里，即使再精细的计划，能够节约的成本也非常有限。所以，最能直接降低成本的方法就是"错峰出行"。

电影《银河补习班》里，儿子马飞读初中时，他成绩倒数、不够听话。老师批评马飞的作文，爸爸就带着他去大自然亲身感受；儿子说想要看航空展，即便是在期末考试临近时，爸爸也向老师请了 15 天的假期，陪着孩子踏上观展的旅途。当然并不是说大家都能这样做，但在带着孩子外出旅行这件事上，应该有个"错峰出行"的思维。毕竟寒暑假时间也挺长的。

很多时候，只是我们没有想过这样的处理方式。身在职场的父母，可以利用好年休假的时间，错开高峰期，甚至条件允许可以请一两天假，为孩子周末带来一场说走就走的旅行，孩子一定也会觉得这件事情非常"酷"。

如果是远途旅行，订机票是有技巧的。选择哪家航空公司、在何时预订、如何选择航段也会直接影响出游成本。举例来说，在查询和预订机票时，如果频繁搜索某地往返的机票信息等关键词，就会在一定程度上反映用户对这一时间点需求的迫切程度，一些商家或许就会基于这些信息进行动态浮动加价。

所以，即使你平时不太进行"货比三家"的消费，但在买机票等类似相对大额消费时，还是建议货比三家，或者用家人的手机去搜集价格信息。

一般而言，每年春节后至 5 月，下半年的 11 月和 12 月是旅游淡季，大部分航空公司和酒店都会下调价格来吸引客源。除了出行时机的把握，聪明中转也是一个出行小窍门。中转联程机票通常比直飞航线便宜。当然，若是带孩子出行，个人建议还是尽量少考虑红眼航班。在考虑性价比时，还要综合考虑免费行李额，是否含餐食以及退改政策等因素。

父母安排孩子的旅游线路，有两类不同的风格：一类是以玩为主，诸如上海迪士尼、广州长隆、深圳欢乐谷、海南岛等；还有一类可能会跟着课本游中国，家长根据孩子即将要学到的课文来编排旅游线路。

以纯玩为主的旅行，大型游乐场所附近都配套有很不错的含亲子套房的酒店，建议提前预订，价格会比临时预订便宜。不少酒店也会在一些平台销售自己的套餐产品，有效期相对较长，如果有出行计划，不妨提前货比三家，做好采购。

在陌生的地方，如果确定不了选择哪家酒店，推荐大家尽量选择品牌酒店。经济实力允许的情况下，可以选择当地政府招待所或承担接待任务的酒店。这些酒店一般比较大，房间多，安全、服务好、性价比高。这类酒店一般由成熟的品牌进行经营，管理和硬件一般不会太差，环境也普遍较好。

对于出门旅行的消费，我的观点是不该花的冤枉钱不要花，该花的钱要舍得花。一味追求经济实惠可能最后会花更多的冤枉钱。

旅行的意义，一半在路上，一半在目的地

旅行包含了吃住行、游购娱，带着孩子旅行的话，还有孩子的一堆事。一般行李不少，一路上的空间转移，所消耗的时间也会比较多。怎么让等待的时间，以及在车上、飞机上的时间不被情绪消耗，好好利用呢？

2020年1月，我们全家出发去海南旅游，当时我的女儿优优还不到5个月。这个阶段的孩子情绪最是不定，随时可能哭闹。飞机又是密闭的空间，孩子无休止哭闹肯定会给周围的乘客带来困扰，哪怕是脾气很好的人，时间久了也可能难以忍受。

在乘客听了烦躁，妈妈哄不好也烦躁的情形之下，心情容易受到影响。如果因为这个事情，导致和周遭乘客发生矛盾甚

至冲突，势必会影响家人外出旅行的心情。

孩子在飞机上哭闹，不一定是无故闹脾气，可能是因为感觉不舒服，尤其是在飞机起飞和降落时，由于气压变化，耳朵会很难受。如果这种不适感没有消失，孩子确实是不容易哄的。另外，哄娃这件事情虽然可能是妈妈更擅长，但是，爸爸在这个过程中也不要"事不关己高高挂起"，也要尽可能地承担一些事务。

那趟海南之旅出发前，我偷偷准备了一些小卡片和十来份小礼物。上了飞机坐定后，我就和坐在身边的几位旅客做了一番联络，送出了卡片和小礼物，表示孩子可能会有哭闹的情况发生。对于我的举动，他们首先给予了赞许，同时也表示，孩子哭闹是再正常不过的事了，都可以理解。我们常说，礼多人不怪，有些时候，提前和别人做好沟通，很多矛盾就不会发生。

都说人生就像一场旅行，不必在乎最后的目的地，在乎的是沿途的风景和看风景的心情。一趟旅途，车程占了不少，如果一路上我们都在刷剧或者工作中度过，就有些可惜了。在飞机上，我们可以趁机和孩子分享此行目的地的一些知识，或是当地的历史，或是地理面貌，或是特色美食等。若是不知道怎么分享，提前买本书一起看看也挺好。看累了，我们也可以和孩子聊聊飞机的飞行原理，为什么起飞和降落时要收起小桌板、打开遮阳板，为什么飞行时耳朵会胀胀的，为什么不能带着一瓶水通过安检，如果飞机延误了我们应该怎么做，等等。

这些"为什么"不仅能够"彰显"爸爸的学识，也能增进你和孩子的感情。即使是在无聊的高速公路上，我们也可以有很多话题可以聊。当孩子来了兴致，就不会错过旅途的很多风景。通过观察，儿子小新在一次高速途中，发现了高速公路不仅有最高限速还有最低限速，指示牌除了绿色还有灰色，而灰色的指示都是旅游景区的景点；他还发现卡车一般只在外车道行驶，大卡车一般有两个车牌、车头和车尾不一样，等等。

这样的沟通和交流不仅缓解了景点或者城市转移过程中的"无聊时刻"，同时也让旅途的见闻最大程度得以延伸。

遇见风景，发现故事，沉淀美好，传承文化

优秀的目的地，是家长为孩子打开的世界之窗。世界这么大，有那么多令人惊艳的自然奇景和多元迥异的人文景观，我们自然希望陪着孩子慢慢走遍。无论是孩子想去、还是我们想玩，挑选目的地的过程都可以让孩子参与进来，并充分听取孩子的意见，力争最后选出来的地方孩子喜欢、家长期待。

有时候孩子对目的地并不了解，没有多大兴趣，这就需要出发前的"铺垫工作"，全家开会讨论前不断"下饵"：神奇的地理现象、电影动画的取景地、特别的节日由来、当地的历史名人，等等。

这个工作显然不是一蹴而就的填鸭式介绍，也不能是耳提面命的任务式安排，最好是长时间的潜移默化、循序渐进，培养起来兴趣。孩子在自己喜欢的景点，就像个不知疲倦的小小发电机，精力怎么也用不完；而在不感兴趣的地方，就会耐心全失闹着要走。

所谓计划赶不上变化，即便爸爸妈妈出行前已经想到了很

多，在旅途中，仍然会有各种意外层出不穷，挑战我们处理突发情况的能力。即使是像我这样有 15 年经验的专业导游，外出旅行时也还是会遇到各种突发情况。

如果我们积极地面对困难，解决问题，孩子也会从中学到面对问题的态度，能够更好地应对未来人生路上的各种突发状况。如果我们纠结于无法改变的现状，释放消极的情绪，孩子无疑也会被我们影响。

拥抱那些意想不到的小插曲吧，它们终将成为我们旅途中独一无二的故事。让你深刻的旅程或者记忆深刻的人，一定是我们一起遇到过故事，或者相互之间发生过故事的人。

我和北方的孟哥已经有十年多的感情了，每年北方一下雪，孟哥就会招呼我去他那里玩。我们关系这么好，是因为当年孟哥来华东旅游时，他和驾驶员发生了一些不愉快，而我妥善地帮他解决了问题。

旅行是带着孩子陶冶情操的过程。外出旅行时，很多家长只专注于山水风景或者网红景点，而忽略了最熟悉的城市风光。去到一座陌生的城市，不妨安排一天，起个大早，带孩子去当地的农贸市场逛逛，游走于大街小巷，穿梭在人流之中，去体验当地人的生活方式，去寻找当地特色的"人间烟火气"。

旅游其实是生命中的一种邂逅，一种相逢，用心的父母总会在旅游中邂逅一些意想不到的惊喜。最浅的一层：自然是带着孩子邂逅了从没看过的风景，千山万水、不同风俗；再上一层是：你们邂逅了一种从来没有经历过的生活方式；而我觉得，旅行最高的一个层次是：在旅途中邂逅一个"全新的自己"。

旅游让我们看到了各处不同的风景,感受到了不同的文化,甚至让我们了解完全不同的生活，一旦我们理解这种情况，思维就会开始有包容性，就不会简单地去判断事情的真伪，或者寻找所谓的标准答案。

换个角度看待这个世界，我们会发现，原来每天都像一场全新的探索。旅行中的成长并不是立竿见影的，它是个漫长的积累过程，一次次的碰撞引发的思考，一次次自然的奇观引发的赞叹，终究会将孩子的视野与思想引向更广阔的地方。

🎯 总结

假期来了，爸爸表现的时刻到了。平时忙工作，陪孩子的时间少，旅行是加深亲子关系的好时机。在旅途中有充足的时间，可以全身心投入到孩子的世界中，让孩子感受到父母的爱，同时彼此也更加了解和认识对方。

不定期的家庭旅行能让孩子期待未知的旅行，对外界充满好奇心；而好奇心有很多力量，会改变孩子生活、学习等各种能力。好奇心是伴随人类一生的命题，从某种意义上，好奇心是人类发展的原动力。

一趟用心安排的旅行一定会让你们收获满满，所以，从现在开始，行动起来，为家人安排一场久违的旅行吧。

游戏互动，大人小孩都开心

一位作家说："凡童心不灭的人，必定对人生有着相当的彻悟。"我们都想变成无忧无虑的孩子。患得患失间，大人有太多的"放不下、看不开"。

《小王子》里有一句话让我记忆深刻："每一个大人都曾经是个孩子，只是我们忘记了。"所以，当好爸爸的第一步，就是做回孩子童年的玩伴，理解他们的天马行空，欣赏他们的天真烂漫。

童心是一种真诚，而游戏就是孩子们获得这份真诚最好的方式。如果说大人是在工作中学习和成长的话，那么孩子就是在游戏中学习和成长。

"疯"爸爸更讨孩子喜欢

同一个家庭，面对同一个孩子，父母双方的教育方式也会存在差异。这除了与父母文化、修养差异有关外，更多的应是性别差异造成的。孩子在学校取得更好的成绩，未来在社会上成功，是父母的期望。

夫妻两人在家务中有分工，但在教育孩子的问题上都不能缺席，因为这不是一方的责任。如果说爸爸是高山，那么妈妈就是大海，在家庭教育中各有优势，相互补位，及时沟通，才能更好地培养孩子的优秀品质。

作为爸爸，我更倾向于教育孩子要独立、果断，要具有勇敢精神和冒险精神。让孩子参与家具的组装，家里小物件的修理，让孩子大胆学骑自行车，带他爬山、徒步……爸爸一般情况下更喜欢历史、地理等知识。因此，爸爸能给孩子讲更多的历史故事、能够讲述更多的各地民情风俗、英雄人物故事。

孩子的教育如果全部让妈妈来承担，作为爸爸的你则躲个清闲，那势必会造成爱与陪伴的缺失。若孩子感受不到来自爸爸对自己的爱，当他们有需要时就不会想起向爸爸征询意见，爸爸在孩子心目中的形象也会大打折扣。

心理学家皮亚杰说过："童年时期是孩子认知发展的关键时期，尤其是他们的日常活动，也是教育他们的最佳途径。"

陪孩子玩耍时，爸爸的冒险精神和探索精神，能释放孩子天性，激发孩子探索欲，培养孩子勇气和应变能力，唤醒孩子更多可能性。一个"没大没小"，充满童心童趣，能和孩子一起"疯"的爸爸，是孩子的幸运。

放下包袱去"疯"吧，越简单越开心

你和孩子一起做过最"疯狂"的事情是什么？如果你听到这个问题，立马能够回想起你和孩子一起做过的那些"疯狂"的事，那我相信，你在孩子心目中一定是个称职、有趣的爸爸，而不是每天在孩子面前摆出高高在上的样子的爸爸。

在浙江桐乡，有一位中国现代漫画事业的先驱、散文家——丰子恺先生，他有七个子女，个个出类拔萃。为了教导孩子们树立正确的人生观和价值观，先生每周六晚上 8 点都要召集孩子们开一次"家庭学习会"。不过有趣的是，名为开会，但用他长女丰陈宝的话说就是："这个家庭会议不但不严肃紧张，反而温馨又令人向往。"

丰子恺是个童心很重的人，他很喜欢和孩子们交流，喜欢陪孩子玩耍，常常和孩子们打成一片。那些大部分人眼中的"熊孩子行径"，在他眼里却是孩子独树一帜的创造力和想象力。

小孩子都爱看飞机，他也喜欢，为了方便看飞机，他竟然把自己家的房顶拆掉一块；他会给家里的四角凳穿上鞋子；甚至床上都能种花花草草……他不会去干涉孩子的"胡闹"，不会去提醒孩子"要小心"。相反，他会弯下腰，走进孩子的世界，陪他们玩陪他们"疯"。

　　他细心地感知孩子的世界，对那些看起来司空见惯的儿童生活场景观察入微，然后运用独到的漫画手法，将其呈现在自己的画作之中。

　　很多小朋友走到小水坑、小泥坑时，都会想要去尝试跳一跳？这个时候，作为爸爸的你，会做什么？是制止孩子跳泥坑，还是和他们一起跳泥坑？有人可能会说，我又不是孩子，会和他们一起跳泥坑吗？

　　我女儿优优是看着小猪佩奇长大的姑娘，她就多次提到小猪佩奇一家在下雨天玩跳泥坑游戏的场景。于是，有一天，我决定带她好好体验一下。正好我们家不远处有一块待种植的农田，我从网上买来两双雨鞋，在一次大雨过后的下午，我带着优优去了农田旁的沟壑处。果然，小女孩看到泥坑兴奋不已，飞快地跑去泥坑里蹦蹦跳跳。我也不闲着，跑过去和她一起跳。泥水溅了我们一身，衣服脏了，但优优很开心。我们有了一次父女"疯"玩的人生体验，值。

做孩子的朋友，要开心也很简单

　　要小孩开心也很简单，有两层意思：

　　第一，让孩子开心的方法很简单，满足他们那些小小的期待就好。

孩子认认真真写完作业后,跑过来找你,想让你陪他玩一会,你一句"老爸现在没空",他瞬间就像泄了气的皮球。小孩子的期待都很单纯,无非就是希望爸爸妈妈都能陪他们玩一玩、闹一闹。

玩什么?怎么玩?一方面尊重孩子的喜好,尊重他们的选择。陪他看喜欢的小狗,一起看他收藏的卡牌……或者,平时刷短视频时,搜索一些好玩的游戏,方便陪孩子的时候实践。可以是一些亲子互动交互类的游戏,比如"枕头大战""翻山越岭"等,也可以是一些益智类的棋类游戏。

相比于玩什么,更重要的是,爸爸在陪孩子玩的过程中有没有全身心投入其中。孩子是敏感的,我们的心思在不在他们身上,他们分分钟就能感觉到。

第二,成为孩子的朋友,方法很简单,让他们"快乐"就好。

一些家长觉得自己不懂孩子,不知道怎么才能把关系变得越来越亲密。其实没有那么复杂,我们的每一次陪伴,都能给孩子带去美好的回忆、美妙的体验,孩子自然而然地会和我们成为亲密无间的"朋友"。

感情是建立在共同美好回忆之上的。而什么样的事情才能被我们深刻记住呢?我想大概率是你们曾经一起做过的那些"疯狂"的事情,一起哈哈大笑的事情。小时候,我下塘抓鱼,上树看鸟窝,春天去山间拔野笋,秋天放学的路上去橘园里摘橘子……那些在沟壑里玩耍、在泥泞中行走、在树木间飞奔的时光成了抹不去的记忆。

　　我们有时以各种看似为孩子着想的理由限制了孩子释放天性。放下大人的身段，一起享受这份快乐，因为那才是孩子该有的样子！和他们一起玩、一起"疯"，你会看到他们最单纯、最灿烂的笑容，会发现童心的美好。

◎ 总结

　　一个孩子，经历过多大的快乐，面对挫折就能拥有多大的能量。快乐能在心底形成强大的记忆，成为一辈子的铠甲。

　　童年时的每一次恣意玩耍，都是孩子快乐成长的基石。他们玩得越"野"，越能得到单纯的快乐，越能衍生面对困难和挫折时的坚韧，并逐渐成为成长路上披荆斩棘的利剑。

陶冶情操，现在未来都开心

中年，是多个角色交织在一起的年纪。在工作中，我们是领导、是下属；在家庭里，我们是父亲、是丈夫、是儿子；在朋友中，我们又是兄弟、是哥们儿。

我们都期待有片刻的放松和缓冲。所以，下班回家，地库停好车的你，可能不会急着下车，而是在车里独自坐上一会儿，发个呆。那道车门，仿佛就是人生的两面，推开车门，是生活的柴米油盐，是爸爸、是儿子、是丈夫；而恰恰是关起门那短短的几分钟独处，才属于你自己。不用强颜欢笑，不用百般周全，不用去顾及别人的感受和情绪。

作为一个成年人，整天跟很多人打交道，我们身上的责任注定会让我们陷入忙碌的状态。所以，我们倡导平衡的人生，生活即便再忙碌，也一定可以找到机会跟自己独处。独处，并不是一种逃避，而是难得的过渡和调节。因为如果绷得太紧，就容易在特定的时候情绪失控。而独处可以让你在完全不被打扰的情况下，学会缓一口气，释放一下压力。

人生过半，余生珍贵。学会留点时间给自己，好好生活，"富养"自己。只有我们自己先活出自己喜欢的样子，我们才更有能力去爱家人、朋友，爱工作、生活。独处之时，我们可以安排一些事情来陶冶情操，丰富自己、享受光阴。

以书陶冶情操，以笔感悟人生

读书能到达脚步所不能触及的地方，读得越多，越具宽阔的选择权，读书能摆脱很多的迷茫。

若一个人陷于困境，最大的可能就是认知不足，而读书恰是拓展认知和视野的最佳途径。要知道，你现在经历的，书中人可能已经经历过；你没有经历的，书中也会提前给你铺路，让你看见可能性。哪怕书不能立即给你答案，也能承载你的情绪、丰盈你的精神。当深陷泥潭时，会给你一种内在的力量。

虽然手机里也安装了琳琅满目的学习 App，但是对于阅读来说，我更爱捧着实体书来读，实体书让我有种阅读的仪式感。我也比较喜欢用不同颜色的记号笔，在所读之书上写写画画。我不太爱看电子书的另一个重要原因是，如果借助手机看电子书，很难将注意力都集中在阅读上，总会被弹出的消息、微博的热搜等抢走注意力。

大学期间，除了专业相关的书籍，我几乎也不怎么读书。我喜欢看书的习惯是从 2017 年加入 DISC+ 社群开始的。通过社群，我认识了很多作者，他们都是我的学长学姐。因为和作者有这样一层关系，看起他们写的书来特别起劲，然后通过他们的分享或者推荐，慢慢，我买书的投入开始逐年升高。

起初也经历过"买书如山倒，看书如抽丝"的阶段，好在能够有一群同样热爱看书的伙伴在周围不断激励自己，他们还会分享很多讲书、拆书、化书成课的技巧，渐渐我发现自己看书的效率也得到了很大的提升。

都说："你的气质里，藏着你读过的书、走过的路和爱过的人。"所以，如果有闲暇时间，推荐你可以去图书馆或者书店走走，不考虑其他，完全凭感觉去邂逅或偶遇一本书。也许，能找到那本与你的气质相符的书。如果遇到了，记得好好读一读。

为什么我会从不爱读书转为爱读书呢？我分析有两个原因：一个是智慧的需要，我们在现实生活和工作中遇到的问题，在书中基本都有答案，你会发现你所经历的一切，你的感受、你的问题早已被世上某个人清清楚楚地说明白了；另一个是情感的需要，当我们遇到困扰，积攒了情绪，或者在某些选择、纠结的路口，需要放空身心、抒发情绪，需要心灵陪伴的时候，不如去读书，它们会提供精神养分，滋养你的大脑和心灵。

一旦你真的喜欢上阅读，你就会打开一个属于自己的多彩世界。读书，是陶冶情操的良方。

运动

你有没有过这样的经历：工作压力大，内心焦躁，出去跑几圈，心情立马好很多。伤心难过，提不起劲，暴汗一场，瞬间就能释然不少。

运动，似乎有种魔力，能让人释放压力、纾解烦闷，快速走出情绪困境。运动能舒缓当下的情绪。长期运动有利于增强身体素质、保持良好形体。身体好了精神就会更好，运动还能保持愉快的心情，增加自信。

健身不难，坚持难。中年人坚持健身尤其难。在坚持锻炼这件事上，我真的要感谢我儿子小新，要不是他的督促，我每周的运动量估计都会减少一半。

家里，女儿天天跟着视频跳操。于是我就把健身的舞台转移到户外，为了规避一个人容易偷懒的情况，我就积极参与一些锻炼的社群或者赛事当中，比如最近正参加的城市108公里自我徒步挑战赛，我已经连续参加了四期，而且为了确保自己达成目标，积极担任队长职务，服务大家，同时也给自己多一份达成目标的压力。

2022年，卡塔尔世界杯在我家引发了高度关注。

作为校足球队队员的小新，是C罗的球迷，对于可能是C罗最后一届世界杯之旅的2022年卡塔尔世界杯，我们全家都比较关注。1/4决赛，葡萄牙队被摩洛哥队淘汰出局，无缘四强。虽然无缘看到C罗和梅西这两位球星在赛场上竞技，但两位球星的成长之旅却带给了我们很多借鉴意义。C罗获得无数荣誉的背后，除了天分，就是对足球的疯狂热爱和常年的高强度训练。他保持着极高的职业素养和自律性，科学健康的饮食和极强的身体素质、良好的生活习惯，是天赋更是勤奋的代名词。

偶像的经历，让我们有了更多的话题与小新探讨努力的意义。小新这几年身高一直不见长，检测结果是骨龄偏小，虽然没有低到"矮小"的标准，但也接近了。医生给我们的反馈是，打不打生长激素，由我们自己决定，可打可不打。经过和孩子沟通及全面的权衡之后，我们决定再观望一年看看。

梅西的成长故事，又让我们为儿子找到了榜样的力量。梅西从小生长激素缺乏，需要靠打生长激素来刺激身体发育。但即便如此，他还是靠着对足球的热爱和对自律的极致追求，让自己一步步成长为优秀的足球运动员。

我们和孩子一起了解他们的故事，鼓励孩子的同时，也约束了我自己。

最好的解压方式：拥有自己的爱好

俗话说，民以食为天。小时候，我就想做一名厨师。虽然最终没能走上名厨的路，烹饪却成了我工作之余的爱好，也让我感受到了很多美好的时光。

有些时候，我们觉得一日三餐很烦琐，繁忙之际应付一下即可。却不知道，我们追求的平安喜乐，其实都在一饭一菜里。吃什么，怎么吃重要，和谁一起吃更重要。不管生活中遇到什么酸甜苦辣，制作美食的过程都可以放松陶冶自己。看见一堆堆的食材，经过自己的处理，变成一道道美味的食物，香气四溢，烟火气十足，就觉得很满足。

酸甜苦辣，是食物本来的味道，也是人生的味道。我们当然渴望人生永远拥有香甜和美好，但生活越是艰辛，我们越要坚持。越在谷底，我们越要保护好我们的身体。吃饱了，喝足了，对生活的信心和爱，也就能一点点积累起来。

美食，是一门生活的艺术。将苦涩藏在心里，而把幸福变成食物，呈现在四季的餐桌之上。正因此，热气腾腾的餐桌，一家人团圆，笑语满堂、推杯换盏，才会成为中国人最简单也最踏实的幸福。

我的爱好让我在那些困难的日子里，感受到了温暖，让我在人生的低谷，没有损失好好生活的希望。只要还有为自己好好做一顿饭的心思，就能明白，"苦味儿"也能在心灵深处"回甘"。

一位心理教师说："爱好很重要，它让我们开心。"爱好还可以产生一种滋润的作用，在我们痛苦的时候，可以带我们走出困境。有爱好的人，更加快乐。中年人，培养一个兴趣爱好，可以成为你和压力和解的方式，也可以滋养你的生命，让你精神富足。

🎯 总结

一位作家曾说："不管生命多么短暂，笑着生活、笑着享乐、笑着受苦，这才是人生。"中年，是人生上半场和下半场的分水岭。爱家人，爱生活，也要好好爱自己。

毕竟，学会爱自己，才是"一生浪漫的开始"。失意的时候，就鼓励自己；心累的时候，就出去走走；难过的时候，就尝尝美食。人生还长，只有不慌不忙享受安宁清风，不忧不惧跟随心之所向，才能快活一生。

愿往后，我们用心中所爱，抵御前行的一切障碍。

身心放松，如何慢下来

如果你打开书就直接翻到了本页，我猜是因为"慢下来"三字而来吧。对"慢下来"的理解，真的可谓"一千个读者眼中有一千个哈姆雷特"。

当下社会节奏很快、竞争激烈，于是我们需要慢一点儿。坦率来说，真的做到慢下来、慢一点儿，并不是那么容易的，停着不动更是大概率不可能。现在常常听到的"停着"，在我看来更可能只是愿望，或是释压的自嘲与调侃。

虽然不能停着不动，但是慢下来、稍作休息总是可以的。有人说，休息是为了走更长的路，这话不假，懂得偶尔让自己休息一下的人，才能走得更远。你可以想想：上一次，内心真正感受放松、舒畅、满足和喜悦是什么时候？

我们的头脑，既是人类保住生存优势最重要的部位，同时也可能是烦恼的源头。所以，找个空闲时间，适当放空自己，让生命简化，活得踏实、活得欢喜。

思想放空

身体累了可以躺在床上休息，心累了又将如何？一般有这样的感受，那就是心累比身体累的影响要强烈很多。

可以做一些放松身心的训练。我第一次体验是在一次培训课上，老师给我们放了一段 15 分钟的全身放松音乐。没想到，短短 15 分钟，竟让我感觉像睡了个好觉。后来我就一直坚持让自己身心放松，晨起充电、午间小憩、睡前读书……

当你有意识地将注意力适当集中于当下，而且不作任何评判、分析和反应，只是单纯体察时，就可以有效缓解情绪，使紧绷的身体得到放松，让内心更加轻松。

你可以选择适合自己的方法，每天留给自己 10 ~ 20 分钟，用这个时间缓解情绪，改善睡眠，甚至重新认识自己的状况。

你越能够打开自己去投入、去练习，你的收获也会越多。

身体放松——瑜伽

作为一名没有学过舞蹈的男性，然而每年公司的年会，我都是舞蹈节目的成员，这么多年，我也是拼了。

每年，我们都会请专业的舞蹈老师来辅导我们。十多年了，每次辅导我，老师都会说："刘峰你这个柔韧性实在是太差了。"我自己一直是有这个认知的。无论是打篮球，还是陪孩子练习坐位体前屈，都深深感觉自己的柔韧性是越来越差。

于是，我也决定做出改变。有句老话："老筋长，寿命长。"身体的柔软程度代表了一定的健康指标。想要身体柔软，就得练筋。瑜伽是一个不错的选择，其各种动作和姿势的本质就是拉筋。起初我并没有想通过瑜伽来改善身体的柔韧性，因为在我的印象里，瑜伽是女性的"专利"。直到有一次，城市徒步自我挑战赛的徒友们组织了一次瑜伽体验，我才知道原来瑜伽本无界，甚至不少男性在瑜伽行业里达到了顶尖状态。不少耳熟能详的男明星也都练瑜伽。

当然，也不一定是瑜伽。你也可以选择其他让自己身体得到放松的方式。记得当年参加百万讲师赋能训练营时，老师也为我们推荐过一种方式：八段锦。八段锦和瑜伽不同，但如果沉下心参与进去，同样能达到放松身心的效果。

如果我们已经很久没有规律性运动了，当年热爱的篮球、足球等高强度的运动已经不太适合我们。我现在偶尔打打篮球，运动过后身体无法完全放松，还会出现一段时间的酸痛等不适感。

现代快节奏的工作和生活，加上社会赋予的责任和要求，让步入中年的我们承担了很多压力。久而久之，就容易引发一些不适，陷入疲惫等状态。瑜伽、八段锦等练习的好处就是可以帮助我们回归平静状态，最大限度促进神经发挥作用，进而恢复精力，提升抵抗力。

环境放空

电影中有句台词说："当你握紧双手，里面什么也没有；当你打开双手，世界就在你手中。"要想身心真正放松，我们最需要学会的就是对无能为力的事情适时放下，当断即断。抛掉负累，才能轻松上阵，走更远的路。

在 DISC+ 社群，我结识了三位"不二"老师，当我询问他们花名的由来，他们都不约而同地告诉我："人生不如意十之八九，常想一二，不思八九"。是啊，为了烦忧之事而整天唉声叹气，为了往来得失而耿耿于怀，不停地衡量到底是赔了还是赚了，其实是一种内心消耗。若事事计较，放在心上，内心只会觉得乏累，从而带来消极的情绪。烦忧之事，越是计较，越是意难平；越是计较，越是恼人烦闷。心情不舒畅，得不偿失。

人的精力是有限的，人到中年，要学会对某些事情"断舍离"。

断：不买、不收取不需要的东西；

舍：处理掉堆放在家里的无用之物；

离：舍弃对物质的过度迷恋。

表面上看，这是一种家居整理的收纳术，从深层次来看，这是一种人生整理观。很多人对人生、对人际关系的看法有所改变，他们越来越清楚地知道，到底哪些才是重要的。抛弃一些东西，人的生活才会变得有质感，才会减少不必要的消耗，才能有更多的精力去陪伴爱自己的人。

社交上，可以从微信群的"断舍离"开始。部分人的手机之所以运行很慢，是因为微信占据了大量的空间，不仅影响了手机的速度，还给自己的心理造成负担。很多群，每天很多的消息都没点开，群里还有很多的课没有听，有很多信息没有关注。没听的课让自己多了愧疚，没来得及看的信息让自己心慌。

不如，给微信群好好做个梳理吧，让它也瘦个身，保留那些对你来说必不可少、真正重要的群，其他的可有可无的，不如就退出。

看到过一句书评：扔掉看得见的东西，改变看不见的世界。很多时候，每一次"断舍离"，可能就意味着一次新生。

⊙ 总结

当你选择房间时，你会有切身的感受。一间是杂乱无章、一团糟，另一间是整洁清爽、井然有序，后者肯定是你的优选项，因为后者更让人心旷神怡，令人感觉舒服。

家居环境如此，人生其实也是如此。如果我们能对自己的人生进行有效整理，化繁为简、去糟取精，那么定能收获到自由、舒适、自在的人生，有更强烈的幸福感。

第七章
情　绪

　　掌控人生需要学会管理情绪，了解自己的情绪状态并学会调节情绪，建立和维护良好的人际关系并保持有效沟通，学会管理情绪能帮助我们更好地应对生活中的压力和挫折，并保持积极的心态，有效面对人生的挑战，实现个人和职业的成功与满足。

　　本章将探讨如何更好地掌控情绪，保持积极的心态，理解情绪的本质和应对情绪波动的挑战，以及如何在工作中处理情绪，维持良好的工作氛围。通过理解情绪的作用和影响，保持情绪的平衡与积极性，从而在工作和生活中取得更好的表现。

我们为什么总为情绪买单

十五年前，我还是一个初出茅庐的小导游，有一次临危受命，接待一个高规格的旅游团。车上七位贵宾，每位贵宾单独坐一排都宽松得很。然而，其中一位中途却要坐到副驾驶的位置上。

我一再向他说明副驾驶这个位置的安全性，劝说他不要坐在副驾驶位置。可这位贵宾一再以要拍照、坐在那里能更好地看风景为由不肯换位置。在多次劝说无果之下，我拿起话筒和大家分享了一个真人真事：一个导游坐在副驾驶的位置，车发生了剐蹭事故险些造成伤害。

听完我的分享，那位贵宾自然是回到了后排座位。五分钟后，我接到了公司的电话，游客投诉我，说影响他们出来玩的情绪了。这件事情虽然已经过去了十五年，但是当我写到本章时，却从我的脑子里蹦出来。

因为"情绪"，我付出了停团、扣服务费的代价。这件事也让我意识到，游客出门旅游是为了寻找开心、愉悦的，让游客体验到快乐是导游的职责。所以，公司才喊出一句口号：顾客快乐是我们最大的快乐。

我们都是情绪的载体，关于情绪，值得我们随时关注。

那些"藏起来的情绪"，身体从未忘记

我们的身心情况会随情绪波动而变化。那些让我们情绪变化的事情，即使已经远去，但当时产生的情绪，可能还一直留存在体内，成为身体记忆的一部分。当受到刺激时，身体里一直记得的情绪可能就会被唤醒。

有一次，在一个培训现场，老师分享了关于亲子教育过程中的问题。后来，我和一位爸爸聊天。这位爸爸说："从小到大，我总共打了孩子四次……"话音刚落，就听见旁边传来儿子清脆的声音："爸，不是四次，是五次。"

有些家庭、有些孩子对这样的记忆是相对较深的。如果是这样的情况，那么就更应该注意作为父亲的言行举止，以及对孩子的教育。

收不住脾气，留不下福气

"怒"字拆开来看，上面是奴，下面是心。一个无法控制自己情绪的人，很容易被情绪左右，我们要学会掌控自己的情绪。

有一天下班开车回家，在右转等红灯时，停在我后面的车不停按喇叭、闪车灯。刚开始我也没理会，想着应该是对方没有注意到右转红灯的标识。但是过了几秒，他还在不停按喇叭，

我心里一团火一下冒了出来，心里想为什么这么无礼。

红灯变绿，我放慢速度等着后面的车子开上来。对方摇下车窗，我一看，这不是自己的好兄弟嘛。我打了个招呼："原来是你啊！"他说："是啊，我在后面看到了你的车，所以按喇叭和你打招呼呢。"我心里想着，哥们你这打招呼的方式还真是特别。情绪就从愤怒转为欣喜。事后我思考，如果这个人不是我朋友，我会不会"路怒"呢，然后会发生什么？想到这里，不禁吓出一身冷汗。我很感激好兄弟给我上的这一课。自那以后，我开车时，心态变得平稳了许多，再也不会因为开车而发怒。

有位作家说："情绪是一把枪，当我们扣动情绪的扳机，枪口其实是对准了自己。"有人为一些小事、微不足道的口角纠缠不休，最后演变成拳脚相向；也有人遇到急事就急躁，把小事酿成大问题。然而发怒过后，一切的后果终究要由自己承担。

愿你能收住自己的脾气，留住那份属于你的福气。

转换情绪是每个人一生的必修课

收住自己的情绪，并不是代表逆来顺受，接受所有。我们每天都会产生情绪，有正面的情绪，也可能有负面的情绪。其实，情绪只是一个信号而已，真正的高手，是有能力把情绪问题转为情绪优势的。

一位名人在跨年演讲中分享过一个故事，让我印象深刻。有一家小公司，全公司上下没多少人，但他们一开始就思考一件事：怎么能让员工上班的心情好一点？于是他们想了一个方法。给每个员工发一袋玻璃球，玻璃球有三种颜色，红色、黄色和蓝色。员工要是愿意的话，每天下班时，根据自己的情绪，向本部门的瓶子里投入一颗球。高兴就投红色的，一般就投黄色的，沮丧就投蓝色的。全凭自愿，也没人会盯着投不投。第二天早上，高管发现哪个部门的蓝色球比平时多，就会跟这个部门的主管谈一谈。了解一下大家心情都不好的原因。

据说，就因为这么一个小小的设计，公司的士气一下子就高了很多。因为这么一个小小的动作，就让员工发现公司是真的在关心他们。

很多职场文章都是在教员工不要有情绪，要学会管理自己的情绪。但是这家公司的这个小动作，却意外地把管理升级了：管理者要对员工的情绪负责。你看，情绪问题是可以转化的，厉害的人，不仅能管理自己的情绪，还能管理他人的情绪。

以前常说，别情绪化，你要学会控制情况，把情绪压制住。这就好比大禹的爸爸治水，用的方法是堵！堵会带来怎样的结果？终有一日将"爆发"。所以，堵不如疏。用"疏"来管理情绪，在婚姻经营中也特别有效。不仅能有效避免相互抱怨的情况，甚至还能扭转婚姻危机。来看看疏通和管理情绪的红绿灯方法。

首先是红灯，代表暂停，保持冷静。

当你觉察到情绪来了，如看到对方做的事情让自己不舒服时，你会感到生气、难以接受，让你很想质疑或抱怨对方。这时，请记得深呼吸，暂停脱口而出的快意，保持冷静。

因为这个时候脱口而出的一定不是什么金玉良言，很可能是会伤害对方的指责或埋怨。暂停一下，到阳台走一走，或者起身去喝杯水，总之，要想办法让自己和对方暂时从对话中脱离出来，给情绪一个缓冲的时间。

情绪红绿灯

然后是黄灯，用来描述情景、表达感受并寻求解决方案。

黄灯，就是让自己有一个缓冲的时间。等你的情绪稍稍稳定、可以控制时，需要客观描述当下或者刚才发生的事情是什么，你的感受是什么，只做描述不做评价。描述是不带感情色彩的，评价却是处于自身的角度，带有感情色彩。开口说话时，避免使用"你"字句，多用"我"字句："我感到……因为我……"

比如，妻子累了一天回到家，发现丈夫又出去了。她在家里照顾孩子、整理家务一直到深夜，丈夫才回来。丈夫在外面应酬，受了一肚子的气，回到家里，妻子开口就说："几点，你自己看看！你怎么这么晚才回来？干脆别回来了……"丈夫一听就生气："回来就受气……"这样的情绪化表达，带来的结果可想而知。

在日常的沟通中，"你"字开头的祈使句，很多都自带评价和指责的属性。我们可以调整好情绪后，换用"我"字句："回来了，我等了你很久，很担心你……""我在外面待久了点，辛苦老婆了……"你想想，是不是双方的能量状态马上会不一样。

最后是绿灯，尝试提出各自的方案，最后选择彼此都认同的方案解决问题。

学习过 DISC 理论后，我们知道凡事都有四种解决方案。当遇到问题时，要尽快脱离对责任和起因的纠结，那样只会让彼此陷入对自我的保护和对他人的纠错中。只有当我们聚焦在寻找解决方案上，及时解决一个个问题，不积压、不翻旧账，生活就能减少争吵。多站在对方角度去考虑问题，就会为夫妻关系多添加一些缓冲带，让生活这台车可以不断缓缓前行。

无论是在工作还是家庭中，期待你们都有能力驾驭自己的情绪，找到合适的转换方式，让每一种情绪都发挥出它最大的价值，成为滋养我们生活和事业的养料。

◉ 总结

心理学家曾做过跟踪调查，得出一个结论：一个人如果长期处于激烈的坏情绪当中，会导致家庭关系紧张、事业糟糕，或者把好事弄得一塌糊涂。

难以掌控自己情绪的人，往往也难以掌控自己的人生。学会调节自己的心情，是一个人最好的修行。对于可控的事情保持谨慎，对不可控的事情保持乐观。心态始终保持平衡，情绪始终保持稳定，才是最好的养生之道。

职场上的情绪

人生有超过三分之一的时间是在职场中的，工作中情绪的好坏直接决定了一个人生活质量的高低。"踢猫效应"就是一个典型的由职场坏情绪而引发的负面案例。如果在职场中的负面情绪始终无法得到消解，必然会给整个人生甚至整个家庭都蒙上阴影。

职场上需要的不是"隐藏情绪"或者"情绪自由"。过度隐藏情绪，会让人觉得你不会因为批评而委屈、不会因为失败而懊恼、不会因为夸奖而喜悦，更不会因为任何人而起伏，犹如电视剧《三体》中的三体人一样没有情绪的变化，甚至可能不再有人愿意帮助你。

如果选择"情绪自由"，会让人觉得你不是一个成熟的职场人。在职场中，过于娇纵任性或过于肆意妄为，这几乎是不可能的。最后能得到赏识和提拔的机会少得可怜，因为谁也不愿意将重要的事情交到一个不计后果的人手中。

职场上真正需要的是在某些场合恰当地表现出情绪。被领导、同事批评，虚心受教，不卑不亢；接受领导、同事的夸奖时，即使事情没什么，也会很高兴，因为得到了更多的认可。这样未来得到的夸奖会越来越多，而且这种认可会成为继续走下去的动力。

都说职场不要"玻璃心"，但却需要一颗细腻的心。我们到底该如何正确地对待和处理好职场当中的情绪呢？

生存价值或情绪价值

企业的本质是创造价值，解决一些社会问题，这是企业的生存价值。你可能拥有某项专业的技能、领先的技术，这是每个个体的生存价值，是为我们创造财富的可能性。如何让我们在创造财富的路上能够发挥出更大的潜力呢？这时就需要情绪价值发挥力量了。

情绪价值是指人们在情感体验中获得的积极或消极的感受，对于个人自我认知、自我发展和人际交往等方面有重要的价值作用。有人轻视情绪价值，觉得它虚无缥缈、不可捉摸。实打实地把公司产品销售出去，把钱赚回来才重要。这其实是一种常见的认知误区。

有一年春节，我驱车去丈母娘家拜年，开到半路时汽车突然发出了刺耳的摩擦声。到了维修点一检查，发现是因为长时间没有添加润滑油导致齿轮和差速器内部发生了摩擦，故而行驶起来会发出刺耳的声音。

你看，汽油燃烧推动汽车往前跑，相当于企业的生存价值，能直接产生我们看得见的回报。但是要想保证汽车能够长期稳定行驶，润滑油也非常重要。润滑油的价值和汽油提供的价值不一样。汽油是靠损耗自己，维持汽车往前跑；润滑油是靠避免部件损耗，维持汽车的运转。它们都必不可少。

员工为了公司的项目可能会熬夜、加班，甚至不眠不休打拼，但是只有金钱回报，对现在的职场人来说似乎是不够的。

记得之前在旅游公司时，有个同事专门负责投诉热线，每天都在处理各种投诉事宜，有合理的，也有不合理的。我们在同一区域办公，看到他每天来来回回和客户沟通，处理好了，客户觉得是应该的，处理不好，被骂几句再正常不过。

有一天，当他处理完一个投诉事件后，我突然想起在实践家课堂上学到的"万能沟通技巧"，于是走过去拍拍他的肩膀，说："你也不容易。"这一句话差点把他的眼泪引出来，他拉着我倾诉了一下午。后来我发现，这个同事把这句话当成了处理投诉的口头禅。面对客户的抱怨，立马来上一句："我知道你特别不容易，我代表公司向你们深表歉意……"每当他说出这句"咒语"，电话那边暴跳如雷的客户情绪就会瞬间得到缓解。

一位老师的年度分享中也提到，未来新生代的职场人更加看重的是"情绪价值"。如果说，过去的职场人更看重"生存价值"，那么现在的职场人可能更加看重"情绪价值"。

你肯定有这种经历，开会开到一半陷入僵局，全场尴尬、气氛紧张。这时候，忽然有个人跳出来，说了一句不着边际的笑话，大家一边笑、一边吐槽。可正是有了这么一下，所有人的情绪瞬间缓解了，事情好像又能接着往下聊了。这是通过避免情绪损耗，推动了事件进程的典型案例。

也有这样的情况，某些人工作能力强，对工作严苛，对自己和他人要求都很高，他自己不觉得有什么，但给别人造成了压迫感，让人觉得压力很大，即便工作做好了，也未见得愉快。他们虽然贡献了生存价值，但没有贡献情绪价值，甚至还在损耗整个团队的情绪价值。团队最终的产值，不是某一个人的贡献，而是所有人的合力。

在职场上，千万不要只看到生存价值，而忽略了情绪价值。

你的情绪你负责

一个人清醒的认知是：明白别人的情绪，与自己无关。出现情绪首先思考这是谁的情绪？一个人如果分不清哪些是自己的情绪，哪些是别人的情绪，就容易受他人的影响。

我们还是来看职场中的案例。如果经理对你发脾气，问题在哪里？

第一，大多数情绪比较激动的经理，往往比较关注事情，他们的责备大概率是事情没有办好，同时一被指责就"玻璃心"的下属往往比较关注"感受"。很多误会就此产生。

每个人要为自己的情绪负责，如果经理没有控制好情绪，也应该由他自己负责，之后他可能也后悔了。而你要做的事情，就是把没做好的工作赶紧做好，这就够了。

第二，当你觉得委屈、受伤时，也别忘了，这是自己的情绪，别人没有特别的责任，也无法对你的情绪负责。

30 岁之前也许你青春洋溢、激情四射，感觉轻松；30 岁以后，我们人生的脚步会更坚实，成长速度会更平顺，人也会更加成熟沉稳。究其原因，其实就是我们的情绪管理能力增强了。

职场上，我们都是成年人。老板，就是另外一个成年人。我们都要为自己的情绪负责。老板可能更关注生存价值，毕竟如果不能创造应有价值，企业可能就不复存在，所以在老板的眼里，生存价值比情绪价值来得更重要。

真正厉害的职场人，是能够恰到好处地将在别人那边可能接收到的"负面情绪"转化为"积极正面"力量。拒绝情绪感染，确定与自己无关后，守护好自己的情绪能量。情绪不能靠压制，情绪也需要抚慰。在成长过程中，如果情绪很少被看见、被允许、被接纳、被抚慰，那么面对情绪，我们可能难以理解、莫名担心，甚至不知该如何面对。导致情绪（尤其是负面情绪）严重时，如何消除负面情绪成了需要解决的问题。

事实上，情绪只是一种身体的反应，在某种意义上说并没有好坏对错之分，每一种情绪都有它的功能和意义。正因为有它们存在，我们才能在人生中体验到复杂的情感滋味，我们内在的精神世界才如此丰富多彩。

通常需要处理的是伴随情绪而来的行为，比如因为生气而不能控制自己的行为。直接破坏我们与他人关系的正是这些行为。所以，当那些令人不舒服的情绪出现时，在条件允许的情况下，我们不用急于赶走它，试着不去彻底阻断它、屏蔽它，而是和它们多待一会儿，给予它们抚慰，陪伴它们慢慢平复。

我们要在情绪和反应模式之间留出空间。在刺激与回应当中，永远不要忘记，我们还有选择的自由，那才是我们人类独有的特质。

切莫在朋友圈发泄你的情绪

说到朋友圈，个别人认为"那是我的私人领域啊，头像越有个性越好；内容嘛，我爱发什么就发什么！"

其实，除了家人，朋友圈更多的是工作场合上的同事、领导、合作伙伴。朋友圈更像社交圈，而不仅仅是家人圈。所以，在微信里，工作和生活的边界早就模糊了。那朋友圈还能不能表达自己的一些情绪呢？如果你在朋友圈看到一些伙伴在抱怨、吐槽，你对他会有怎样的看法呢？从我的感受来说，尽量不在朋友圈宣泄自己的负面情绪，特别是工作上的情绪。

首先，我们在朋友圈这么做的意义是什么？是为了引起好友的关注还是什么？你的父母、妻子，对你的情况会很关注。真正的朋友也会关心你飞得高不高、累不累。

再者，人在一天当中的情绪转变可能很快，也许你刚刚从经理的办公室出来，觉得挺委屈，于是随手就在朋友圈发了一下；在自己失意时，觉得一时不顺。等都过去了，情绪转变后，再去看看这些朋友圈，就会觉得自己很好笑。

也许你会设置分组可见，经理看不到了，但朋友和家人还是可以看到。这可能会给他们增添烦恼，但人生要走出困境、渡过困难归根结底依靠的是自己。这也就是精神独立的意义所在。

当出现情绪时，每个人应对的方式都不一样。我比较喜欢的方式是听音乐或者看看书。总之，在情绪没有恢复稳定之前，尽量不开展下一项工作，否则可能会在不经意间将此刻的情绪带到下一项工作中。

4D 领导力中有一个非常实用的工具，叫作 AMBR，是我最喜欢用的一个情绪转换工具。当你的关注点发生改变之后，你的心态自然会发生变化，心态变化了我们的行为也会跟着调整，最后自然就能得到不同的结果。

A：Attention 关注点；

M：Mindset 心态；

B：Behavior 行为；

R：Results 结果。

举个例子：当你开车行驶在路上时，如果有一辆汽车强行加塞超到你前面，不同的关注点，就会引发不同的行为和结果。

如果关注点是在对方强行别了你一下，你就会生气。如果接下来不控制情绪和行为，比如一脚油门超过去，就成为斗气了。这是不应该甚至是错误的。

如果关注点是放在行车安全上，心态就会立刻改变，比如，对方可能真的有很重要的事情，等等。这样一来，你就会继续安安稳稳地开车。

总结

　　一位老师曾说："情商高并非不发脾气，而是要合理地发脾气，让自己的情绪可以顺畅地表达，舒服地做自己。"所以，我们可以管理情绪，但不要不恰当地压抑情绪，要表达情绪，而不要情绪不恰当地表达。

　　一个人越能给其他人带来舒服、愉悦和稳定的情绪，所谓的"情绪价值"就越高；一个人总让其他人产生别扭、生气和难堪的情绪，所谓的"情绪价值"就越低。

　　情绪即人生。如"费斯汀格法则"所说：生活中的10％是由发生在你身上的事情组成，而另外的90％则是由你对所发生的事情如何反应来决定。

　　"反应"，其实指的就是我们应对事情时的情绪。愿你做一个可以管理好情绪的成年人。

成熟的人，从来不会输给情绪

　　最近在整理房间，翻到初中的金句摘抄本，看到上面写着一句话："宠辱不惊，闲看庭前花开花落；去留无意，漫随天外云卷云舒。"当年抄写这句话的时候，一定只是觉得它对仗工整，而不是对这句话有深刻的理解。历经 20 多载后再看到这句话，才深深感受到这句话的博大。

　　"宠辱不惊，去留无意"是一种经历世事之后的恬淡，是一种笑看风云变幻的洒脱，同时也是一种遇事镇静沉着的稳健和气度。真正做到宠辱不惊的人，必有广阔的胸襟和高度的智慧。

　　经过 20 多年在职场的摸爬滚打，我从懵懂青涩到成熟稳重，戒掉了情绪内耗，收起了年少轻狂，接纳了人生日常。也真正明白了，宠辱不惊、去留无意的并不是事情，而是自己的内心。这种变化，也许就是我们所谓的"成熟"。

　　情绪稳定成了我们日趋成熟的最重要标志。学会克制，也是学会释然，学会不为外物所扰，不再锱铢必较。

遇事

年轻时，遇见不公的事、不喜欢的人，一些情况下我会很生气。为此，也没少与人发生矛盾冲突，有时候还觉得自己特别仗义。

同时，在做很多决定时，我也非常沉不住气。折腾股票就是个例子。前些年，我学习了一点点的理财知识，就摩拳擦掌想去股市"淘金"。每天看着大盘的起起伏伏，今天涨一点觉得自己赚了，就想卖掉；明天亏了点，感觉再继续下去受不了，又想着赶紧抛了，换其他看涨的股票。折腾来折腾去，最后还是赔了。

老话说："气定则心定，心定则事圆。"沉得住气的人，才能日渐成功，干成大事。

2015 年，我第三次参加杭州市的金牌导游大赛。作为前两届的金牌获得者，原本有机会第三次登顶，结果在才艺表演时因为开场的小失误导致自己心乱如麻而影响了后面的发挥，最后以 0.5 分之差与蝉联金牌的梦想失之交臂，后悔不已。

电影《肖申克的救赎》中的主角安迪，因为被人冤枉进了监狱。当他得知真相去找狱长申诉，没想到虚伪的监狱长不仅没有帮他，还暗算了告诉他真相的那个人。于是安迪决定通过自己的努力得到救赎。在监狱的这些年中，安迪靠着每天偷偷地凿地道，在一个风雨交加的晚上成功逃离监狱，获得了自由，并惩罚了贪腐的监狱长。

人唯有沉得住气，冷静沉着地做事情，保持清醒的头脑，才能长远获益。

遇人

每当觉得朋友有什么做得不妥的地方，我总会直言不讳地向其说明。后来发现，我应该学会更多。每当我想要批评下属时，都会想一想，能否换一个角度来看待问题？这件事情在同事那边会不会有不同的解决方法？能否把负面的批评变成正向的鼓励？毕竟，被理解、被支持、被鼓励、被感激是每个人的刚需。慢慢，我养成了说话前想一想的习惯。

对待家人也同样如此。孩子刚上学那会儿，老师刚跟我反馈完孩子在学校的表现，挂完电话，我就把老师的反馈跟妻子说，随后家里少不了一番闹腾。随着自己一天天的成熟，现在我发现，有时候换一种方式更好，有些事自己处理就好。如果我把老师的反馈竹筒倒豆子般告诉妻子，或者直接责备孩子，久而久之至会影响亲子关系。

面对一天天长大的孩子，我开始懂得照顾他们的情绪，听他们的反馈，再和他们沟通表现和问题；看着一天天年迈的父母，我也懂得了有些辛酸不必对他们说，如果非要说，也要换一个更温和的方式。

成年人的世界里，我们不仅为了自己，还为了我们的家人。有些委屈，只有放在自己的心里，默默地消化掉，也不愿意让家人看到我们憔悴的模样；有些事情，不跟家人说，是因为不想让家人担心，自己一个人处理好就行了。

人成熟的标志就是学会把事情妥善处理，有时候是一个人独自处理。随着经历成长起来的，不仅仅是身体，更是心智。我们都是这样一步步从幼稚走向成熟，从需要别人安慰到自己安慰自己，从遇事惊慌到波澜不惊……

生气要压得住火

人到中年终于明白，生气只会伤害自己。学会控制情绪，不让自己被情绪左右，让自己保持好心情，是你我的必修课。

当汽车行驶在车水马龙的道路上，是我比较容易生气的时候。加塞、不打转向灯的变道、迎面驶来时开着远光灯等各种不当甚至是违反交通法规的行为往往是源头。在慢慢变成熟的过程中，我在尽量避开后，能够合理地面对和处理。

无论是工作上还是生活中，不管是我们自己犯下的错，还是他人的不小心，生气往往都解决不了问题，更不能变成惩罚自己。不乱发脾气，恰当正确面对；丢掉沉重包袱，轻松大步向前。

20 岁时，我们顾虑别人对我们的看法；40 岁时，我们不理会别人对我们的看法；60 岁时，我们发现别人根本就没有注意到我们。

认识和成熟是人生的过程。认识自己、接受自己，是一种成熟，接受自己才能轻装上阵，潇洒地活出属于自己的人生。成熟的人，不应为一点小事而生气、发火，不应计较太多、纠缠太多。反之，如果对周围的人变得冷淡、对周围的事情变得无视，就会少了乐趣、少了温暖。要明白"慎终如始，则无败事"。

所以，我们需要保持平常心，与人和谐相处，放宽自己的心，让自己的心胸变得广阔，让自己的视野变得深远，学会"相逢一笑泯恩仇",抛掉不平才能拥有真实的喜悦和自在。

🎯 **总结**

在抖音上听老师分享过一个"公羊博弈"的故事。

有一天,一只红羊和一只黑羊在一个下面是万丈深渊的独木桥上相遇了,可这个独木桥一次只能过一只羊。如果它们一直僵持下去,互不相让,筋疲力尽后都得掉进万丈深渊。在这个公羊博弈的故事里,最后必须有一只羊先让步,那么到底是黑羊还是红羊呢?

公羊博弈

如果给这则故事加一个信息:红羊心情特别好。请问谁会让路呢?

今天将这个故事分享给读到这里的伙伴,当我们面对各种让人情绪不稳定的事情时,不妨想一想这个故事,检视一下自己,我相信会更加释然的。

怎样减轻焦虑

　　每天睁眼就要思考企业下一步的发展战略；给孩子辅导功课，成绩却没见好；今天的这份工作明天是否依然还属于自己……未来具有不确定性，职场竞争激烈，我们面临艰难的选择。如何面对焦虑和减轻焦虑，是大家都面临的问题。

理解和接纳

　　任何情绪都有它的价值。焦虑从这个意义上讲不一定是坏事，我们可把它当作一个信息。我们需要探索的是这个信息背后的内容，可以问问自己：发生了什么？自己在担心什么？

　　当我们清楚答案以后，就会有行动方案：接受眼前，尽快在新的岗位上发挥作用；干事业，考虑如何发展。比如，导游转型可为客户提供目的地特色旅游商品，来满足客户吃穿用的需求……

　　努力去发现自己，可以去做些什么，来避免这种情况。行动就是良药。比如，有一段时间旅游业不景气，我当时所在的公司曾迅速组织全员开展系列主题培训，苦练内功御寒冬。同时，针对现实，迅速调整策略，将重心放在杭州本地深度游产品的开发上。因为这一系列的行动，让大家伙干劲十足。

当然，有可能是莫名的压力，不容易识别压力背后是什么。比如每次我出发带团前一天，都会有隐隐的担心，已经做了很充分的准备，线路、景点也都驾轻就熟，这是为什么呢？后来才发现，我的心态不是来自客观，而是来自对工作的重视。

不要笼统地用"焦虑"两个字带过，正确的方法是深入分析后告诉自己：这是为什么、担心什么发生、我能做点什么。信息被这样"翻译"出来，本身就是一种情绪释放，然后找到背后的想法，进而去行动。

提升认知

从认知上应对，就是矫正自己的看法和预期。焦虑可以说是人生中的一种常态，想办法解决就是了。坚定理想信念，不颓丧放弃，更加努力地工作，取得成功。

心理学家创建了"ABC 理论"：认为激发事件 A（Activating Event）只是引发情绪和行为后果 C（Consequence）的间接原因，而引起 C 的直接原因则是个体对激发事件 A 的认知和评价而产生的信念 B（Belief）。A 代表正在经历和发生的事情，B 代表一个人的观念和想法，C 代表一个人的感受和行为。A 和 B 加起来，才导致了 C。我们如果无法选择 A，要想让 C 有改变，唯一可能去改变的就是 B，也就是观念和想法。

比如，我和妻子约定，接下来的两个小时要静下心来写文章，让她不要打扰我。结果刚刚出门没多久的妻子打电话给我，让我将她的电瓶车钥匙送到楼下。A 是妻子要求送电瓶车钥匙下楼，如果我的想法 B 是"刚和你说了不要打扰我，却又让我给你送东西……"，那 C 的结果是可能会和妻子吵上一架。如果结果要发生改变，我们就需要对 B 这个想法做出调整。我可以这样想："感谢妻子的电话，让我可以在静心写作之前，先站起来活动活动，以免导致坐久了腰疼。"这样一来，我就不会和妻子吵架，甚至会感谢妻子的电话。

这个想法是我们对眼前发生事情的观点和评价，也是对未来的主观推断。抓到这个想法，就抓到了关键。这个想法经常是以"如果……就……"的形式出现。"如果我的孩子性格不好，在外面就会不受欢迎。"所以，应该问问自己："我是怎么想的？""眼前的事情哪些是客观发生的、哪些是我的观点和信念？""我的观点和信念正确吗？""换一个想法，情况会不会有改变？"如此，情绪就容易消除。

改变行为

如果我们想将焦虑从大脑中赶出去，最好的方法就是，采取行动。这里推荐三大行为方法。

（1）运动法。运动可以是各种各样的体育运动，也可以是并不复杂、不需要很多技巧的简单运动，比如广播体操、快走等，都是有用的。当然，要达到一定的时间量，让自己心肺功能活跃起来，心跳要达到一定频次，身上要见汗。前面我们聊过，运动可以使人快乐起来，自然也就有利于驱散焦虑。

（2）艺术法。艺术法形式很丰富，包括音乐、绘画、书法、舞蹈等，或者从事任何一种艺术活动。从事艺术活动能让你精力专注，净化你的内心，还能提升你的生活品位和艺术修养，何乐而不为呢？关键是，从事艺术活动能让人沉浸，沉浸产生忘我，情绪自然消退。

（3）撰写情绪日志。准备一支笔和一张纸，纸分左右两栏，试着回忆在刚刚过去的这段时间里，有哪些于你而言的重大事情发生？可以是开心的，也可以是难过的。只要这件事情让你记忆深刻，并有情绪和认知上的影响。在纸的左边写上这件事情是什么，然后在右边对应位置写上这件事情对你的影响是什么，包括外在的、情绪和认知上的影响。这样的情绪日志，其实是一种简单的自我洞察，可以帮助我们了解自己的观念和想法是怎么形成的。

◎ 总结

焦虑就像一场感冒，每个人都会有。我们要学会对心理情绪进行疏解、调节和转移，不要长久置身于一个场景和心理情绪中。当发生时，先冷静下来，分析一下发生的原因。每一种情绪发生的背后，都藏着一定的动机或者渴求。正确对待这些动机和渴求，反而可能会成为一个新的想法和行动的突破口。

你可以适当放一放眼前的学习、工作，淡化一下此刻身体感受到的情绪，有意识地去调整自己，听一听欢快轻松的歌曲，去健身房、运动场甚至马路上运动运动、出出汗；去呼朋唤友聊聊天、唱唱歌。先理解自己情绪的由来，挖掘背后的动机，调整我们的行为，最终转变我们的心境，进而让其远离。

第八章
学　习

　　学习是获取知识、技能和经验的过程，可以培养思维方式和解决问题的能力，增加对世界的理解和认识，使我们更具竞争力和适应力，能够在不同的情境中更好地应对挑战和机遇，从而更好地掌握人生的方向和机会，实现职业的成功与个人幸福。

　　本章将探讨如何在不同阶段持续学习，提升个人能力和知识储备；用高效学习的方法和策略，在快节奏的现代社会中有效地获取知识和技能；30多岁的年纪，如何避免短板发挥优势，发掘自身潜力并实现全面发展；以及如何在培养孩子的学习兴趣和自主性之间找到平衡。

30 多岁的你，如何避免短板发挥所长

　　30 多的岁数，对于大多数男人来说是个重要的人生阶段。30 岁前，我们可能"潇潇洒洒"，一人吃饱，全家不饿；30 岁后，大多数人开始成家立业。所以，30 岁应该是一个新的起点、新的开始。我们即将进入一段新的旅程。

　　有一句话："种一棵树最好的时间有两个，一个是十年前，另一个就是现在。"20 岁的生活方式，决定 30 岁的打开方式；30 岁的打开方式，决定一生成就的高低。

　　我们也无须因为"三十而立"而焦躁不安。"三十而立"本意其实是：这个时候懂得了礼，言行都很得当。在如今的这个时代，一个人想要成功，可能最离不开的两项就是知识和努力。

　　互联网的高速发展，减少了信息差，很多知识和技术不再是一家独大，所以说，一个 30 岁的人想要发奋学习、努力上进，改善自己和家庭的状况，这件事存在着成功的可能性。

　　但是任何事情都不存在绝对，成功也是一样，并不是努力了、

付出了、学习了就会必定能够达成自己想要的成功，但是人若不努力、不学习，却是绝对不会成功的。在我看来，30 岁这个年纪，想要努力、想要学习，更应该讲究方式方法，不能一味只靠热血、靠意念来驱动自己，承认自己的劣势，找到自己的优势，才能更好地扬长避短。

30 岁的你，如何扬长避短

劣势

年过 30，劣势越来越明显，比如身体变差、记忆力下降，还有时间精力不够。

劣势一，身体变差

30 多岁其实还是很年轻的，但遗憾的是，自打出校门、参加工作后，多数的伙伴没有办法像以前高中、大学期间那样锻炼身体了。加上工作和生活的压力，身体素质变得不如从前。刚工作时，加班后第二天早上起来上班，仍旧是生龙活虎。可是到了 30 多岁，如果加班晚了，第二天上班但凡有点空隙，就想小憩一会儿。

如果你的工作需要经常与人商业交往，那更需要注意。人生这个阶段，要早起触碰晨光；与其抽烟喝酒，不如用脚步丈量城市风光；与其重油重糖，不如和家人吃顿清粥小菜。

你的健康是对自己的人生负责，更是给家人一份心安。保证自己的休息，保持一个好的状态。

劣势二，记忆力下降

我是文科生，在那些需要记记背背的课程上，我基本上包揽全班的第一名。并不是我学习有多厉害，而是我也就会记记背背。那些需要逻辑推理能力才能得到答案的题，我最不擅长，属于偏科非常严重的那种。

年过三十，我发现自己在记忆和接受新知识、新事物的能力上，已经不如从前。刚工作时，作为导游，我需要记住很多知识，包括各大旅游景点的风土人情和历史典故。现在，昨天记住的内容今天可能就忘记了，丢三落四也是常有的事。

一方面是我的生理机能的退化；另一方面，工作多年，无形之中形成了思维定式。但是，有时候我们并不能自知，导致我们看什么都会用过去的眼光来看待，所以对于新知识、新事物的接受能力就大打折扣。

劣势三，时间、精力不够

"时间"对于一个 30 多岁的人来说感觉不够用，特别是成家以后，照顾孩子、老人、伴侣等，时间需要被分配到方方面面。

我每天要早起准备早餐，然后要送儿子上学；白天正常忙工作上的事情，晚上回到家还要检查作业，陪孩子玩耍，尤其是有了女儿以后，时间还要给两个孩子匀一匀，把他们安排好。等一切安顿好以后，一看时间，已经差不多十点了。稍微看一会儿书，眼皮已经开始打架了。

30 多岁的人想要学习，其劣势和阻力大抵如此，这是大多数人可能都会面对的情况。然而我们要做的，并不是强行逆转，因为需要很多的时间和精力。所以，时间管理和精力管理的能力也是我现在很想要提升的部分。

优势

当然，30 多岁的年纪也并不是只有劣势，我们还是有优势可以发掘的。

优势一，阅历丰富

相较于年轻人而言，"年长"的人具有更加丰富的阅历，有着很多年轻人没有的经历，因此，对于很多人间百态，要比年轻人看得更加透彻、更加深刻。

毫不夸张地说，这种阅历完全可以称得上是一种"壁垒"，这还不是仅仅通过技术、碰钉子等就能够增长的，当一个人的经历积累不够时，其实是很难看透自己当时面临的处境的。

就像是上学的时候我们不好好学习，老师和家长就会说，现在不好好学习，将来肯定会后悔。当时可能不以为然，但是等走入社会了，可能第一件后悔的事情就是当初自己没有好好学习！

优势二，人力资源丰富

行走职场这么多年，相关的资源自然积累了不少！成年人的世界里，资源非常重要。丰富的资源不是有多少人在你面前吹捧你、奉承你，而是有多少人在你背后支持你和帮助你；不是在你辉煌时，有多少人簇拥着你、捧着你，而是在你困境时、落魄时，有多少人愿意站出来慷慨援手、帮助你。因此，这是一项非常重要的竞争力。

优势三，耐心耐力增加

随着人均寿命的增加，我们的职场生涯也在不断延长，大部分人的职场生涯有 40 年左右。所以谁有耐力，谁更能坚持，谁才能取得最终的成就。

30 多岁的人，爆发力可能已经衰退，但是持久的耐力越来越强，尤其那些想清楚自己到底想要什么的人，更是有耐力。所谓的"为时已晚"是不存在的，只要我们拥有"从头再来"的精神，哪怕迷失过、失去过，也能够从头开始。

优势四，自我管理能力增强

30 岁以后的职场人，通常已经形成了良好的自我管理习惯，能够更好地平衡工作和生活，知道如何有效安排时间，避免拖延，从而提高工作效率。

此外，30 岁以后的职场人也更加注重自我保健，如合理饮食、定期锻炼、充足睡眠等，以保持良好的身心状态。相比之下，年轻的职场人可能更容易被工作压力和社交场合所影响，而在一定程度上忽视健康的需要。

优势五，领导能力提升

30 岁以后的职场人有些已经有了一定的管理经验，能够带领团队完成任务。他们知道如何激发员工的潜力，让他们更加投入工作，从而取得更好的业绩。

与此同时，他们也更加懂得如何倾听他人的意见和建议，更好地协调相关各方的关系。这些领导能力的提升是由多年的职场经验和不断学习积累所得，这些都是年轻的职场人所欠缺的。

优势六，自驱力增强

30 岁以后的职场人通常已经有了明确的职业规划和目标，因此具有较强的自我驱动力。他们不断追求卓越，努力提升自己的能力和水平，以实现更高的职业目标。

同时，他们也更加注重自我反思和总结，及时调整自己的职业规划和目标，以适应职场的变化和个人的发展需求。相比之下，年轻的职场人可能更加容易受到外界的干扰变得迷茫，缺乏明确的职业目标和规划。

总结

为什么年过三十，会考虑很多呢？是因为我们觉得青春已过，中年将至，有些情况事与愿违。在这种对未来的思虑中，可能无视了每个"今天"的恩惠，挤走了每个"今天"应该享有的快乐。

　　另外，不应该过分去考虑"不再年轻"这个词。其实，我觉得年轻与否，是一个心态问题，而不是年龄问题。只要我们明白，无论30岁、40岁、50岁……只不过是人生的不同阶段而已；若让心保持青春，白发和皱纹都将成为勋章，而每一天也都能被重启。

　　所以，认清自己的优势和劣势，30岁后的努力，"最坏的结果"无非大器晚成。

该不该逼孩子学习

孩子的学习，是父母天天记挂的事。

电视剧《小舍得》里，南俪和夏君山夫妇曾经是学习尖子，如今事业有成、感情甚笃，生了一对聪明漂亮的宝贝，他们对孩子的教育更是有爱又开明。可是，当孩子因为学习成绩不好而导致竞选班委失败时，夫妻俩做了一个重要的决定：为了帮助孩子提高学习成绩，爸爸夏君山，辞职回家照顾女儿欢欢。他用心辅导欢欢写作业，可三番五次还是不如人意。从未对女儿说过一句重话的他，第一次对孩子大发雷霆。送女儿欢欢上辅导班，老师又说了一句欢欢，夏君山懊恼得不行。

在辅导孩子学习的路上，我也曾纠结彷徨过。别的孩子都在努力，我要不要给自己孩子辅导？成绩是衡量孩子的唯一标准吗，我要做点什么？一向心态好的我，一周内被语数英三位任课老师分别约谈……

作为父母，到底改如何看待孩子的学习呢？

相信孩子

电视剧《小舍得》中的田雨岚是一个典型的父母。她不断追求儿子在学业和比赛中的"优秀"，却忽略了孩子的兴趣和需求。田雨岚的行为不仅反映出她自身的教育观念问题，还会给孩子造成心理压力。父母的期望就像一座高山，孩子需要不断攀登，却无法享受攀登的过程。为了追求所谓的"优秀"，孩子的时间被塞满了各种培训和比赛，再加上忙碌的课业负担，可能对孩子的身心健康造成不良影响。

一部电视剧中说："孩子的成长过程像一棵树，施了大量化肥可能会迅速成长，但到后期会衍生病态。"这个比喻道出了这种情况带来的负面影响。虽然父母的期望和压力可以促使孩子更加努力地学习和成长，但是过度的话就会带来消极的影响，甚至影响到他们的身体健康和人际交往。

因此，作为父母，我们需要调整自己的教育观念，在可能的条件下让孩子在自由、愉悦的环境中成长。培养孩子的兴趣爱好，让孩子能够选择自己感兴趣的事情。我们要明白，每个孩子都有自己的天赋和优势。当父母的焦虑过于强烈可能会对孩子的成长和发展产生负面影响。

相反，如果父母能够适当放松并支持和引导孩子的兴趣爱好和自我决策，孩子将会获得更多的信心和动力来探索自己的人生道路。在这种情况下，父母可以成为孩子成长道路上的良师益友。这样的家庭环境可以帮助孩子们建立积极的自我形象和健康的人际关系，并有助于他们在成年后成为自信和独立的成年人。

陪孩子学习

一位爸爸是顶尖律师事务所的合伙人，他的教育方式令人感叹。当孩子还是一名小学生时，她成绩垫底，却没有因此被父母斥责，相反爸爸每天都坚持下班后陪伴女儿学习。在这个过程中，他不仅是一个严格的老师，还是一个有耐心、有爱心的爸爸，他用心灵的陪伴和教导，将孩子培养成为后来的优秀学生。

有很多家长因为忙于工作，把孩子的教育交给老师，而忽略了自己对孩子的陪伴。事实上，家长对于孩子的陪伴和教育是无可替代的。家长要真正理解孩子的需要，关注孩子的成长过程，发现孩子的优点和不足，为孩子提供正确的引导。

陪伴教育并不是要求家长在孩子身边寸步不离，而是要让家长把时间花在有意义的陪伴上。父母可以陪孩子玩耍，陪孩子看书，一起做手工或者一起旅游等，这些活动都能提高孩子的自我意识和情商，激发孩子的创造力和想象力。

在陪伴的过程中，家长不仅是孩子的引路人，也是孩子的榜样。家长的行为和言谈举止，会直接影响孩子的价值观和人生观，甚至是孩子的人格形成。因此，家长在陪伴孩子的过程中，要注意自身的行为和言行举止，做一个积极阳光、健康向上的榜样。

只有通过陪伴，家长才能真正了解孩子的成长过程，孩子感受到家庭的温暖和关爱。在孩子成长的道路上，家长的陪伴和引导是至关重要的，也是最有价值的投资。

做教练，做榜样

作为家长，一部分人常常忙于为孩子的学习、生活安排各种培训等，但是我们是否想过，自己的成长是否和孩子的学习成绩息息相关呢？父母是孩子的第一任老师，他们的言传身教对孩子的成长有着至关重要的作用。而要成为优秀的父母，我们需要掌握的是做榜样的"艺术"。

我们常说，亲密关系大于亲子关系，大于孩子的学习成绩，这意味着家长和孩子之间的感情交流，比孩子的学习成绩更加重要。但是，更为重要的是家长的自我成长。家长自身的素质、品格和能力，是直接影响孩子成长的重要因素。因此，为了让孩子成为成功的人，我们首先要成为成功的父母。家长自己有了一颗成长的心，才能引领孩子成长。

在和孩子相处的过程中，父母在做教练，也在做榜样。与其把孩子当作自己的"学生"，不如把他们当作成长的伙伴。和孩子一起成长，需要我们在心态和行动上都做出改变。

首先，家长需要有一个积极向上的心态，要有自己的成长目标和规划。只有当我们自己的成长水平达到一定高度，才能带领孩子不断前行。例如，我们可以在学习、运动、职业等方面给自己定一个目标，不断挑战自己，不断学习和提升自己，这样我们才能更好地引领孩子。

其次，家长要以身作则，成为孩子学习的榜样。孩子在成长过程中，会模仿父母的言行举止。因此，我们需要在自己的行为上做出表率，传递给孩子正确的价值观和行为方式。例如，我们可以通过阅读、观看纪录片等方式，学习新知识，提高自己的素养；在工作中，积极面对挑战，勇于创新和改变；在生活中，注重细节和礼仪，让孩子学习到正确的生活方式。

作为孩子的第一任老师，家长的行为、态度、价值观等都会直接影响孩子的成长和发展。因此，父母督促孩子学习，提高成绩，是在做教练；父母还要以身作则，给孩子当榜样，引导他们成长。

家长与孩子的关系，远比学习成绩更重要。如果家长和孩子的关系不亲密，孩子学习的动力和兴趣就会降低。当家长能够成为孩子的朋友、支持者和引导者时，孩子的学习成绩自然而然也会提高。

而比家长和孩子的关系更重要的是家长自身的成长。家长要做一个懂得爱自己、懂得爱孩子的人，一个善于思考、勇于尝试、乐于接受新事物的人。家长的成长，不仅是个人素养的提升，更是家庭教育的根本。

家长的行为、态度和价值观都会深深地影响孩子。在家长的教育下，孩子的心灵也在慢慢成长。因此，家长不仅需要成为孩子的教练，更需要成为孩子的榜样。通过身体力行的方式，家长可以在孩子的心灵深处留下深刻的印象。例如，一个勤奋好学、积极向上的家长，会给孩子树立一个正面的榜样，激励他们认真学习、不断进步。相反，如果家长不思进取，孩子可能也会不自觉地形成消极的态度。

当然，家长并不一定要和孩子一起学习，做同样的事情。但是，当家长面对生活和工作中的一些小事时，他们的态度和处理方式都会对孩子产生直接的示范和引导作用。例如，当家长在处理家务时，如果能够认真负责、积极主动相互配合，孩子也会从中学习到责任心和团队精神。

◎ 总结

如果父母拥有优秀的品质和行为，孩子也会受到影响。比如，如果父母能够坚持自己的信念和原则，孩子也会学会坚定自己的信念和原则；如果父母总是积极进取，不断学习和成长，孩子也会受到激励、积极向上。

因此，父母应该在自我成长的道路上不断努力，争取成为孩子的良师益友。同时，父母也应该通过与孩子共同成长的方式来影响孩子。可以和孩子一起做家务，培养孩子的责任心和独立能力；可以和孩子一起旅行，开阔孩子的眼界和见识；可以和孩子一起学习，分享自己的经验和知识。

更重要的是，父母的自我成长和孩子的成长并不是互相独立的，而是相互促进的。父母的自我成长能够提高他们的教育水平和素养，进而更好地引导孩子成长；而孩子的成长也能够促进父母的自我成长，让他们更加深入了解和体验生活的各个方面。

一位名人曾说："我一直有一个简单的观点，你做好了父母，孩子一定会好的。"真的是这样，我们要先把自己打造成合格的父母，付出不懈努力。

既做教练，又做榜样，成为更好的父母，才是对孩子最好的教育！

30 多岁了，应该从哪些方面提升自己

　　2022 年，我 35 周岁，也正是在这一年，我结束了 15 年的旅游业从业生涯，改行人力资源。也许是到了这个年纪，也许是算法推算我在关注"职场 35 岁现象"，在过去一年里，我研究了不少关于这个话题的信息。

　　"职场 35 岁现象"是职场普遍存在的真实现状。从事 HR 工作以来，我接触了不少 HR 的圈子，不可否认的是，求职者一旦超过 35 岁，再和 20 多岁的年轻人一起投简历去竞聘的话，是比较难的。已经到了 35 岁，我们还可以做什么？还没到 35 岁，我们可以提前做点什么？

　　为什么我们对"30 多岁"这么关注？根据相关统计，大多数人步入婚姻的年龄在 25 ~ 29 岁之间，也就是说，30 多岁的男同胞，大部分已经步入几口之家的境地，身份角色和身上的责任不断增加，整个人变得压力较大。

　　从大学毕业，到而立之年，这个时间已经足够长，让我们有足够的机会去了解工作、适应社会，并反思自己的成长。从

30岁到35岁，这其中有5年的时间。假如给你足够犯错的机会，那么，为了确保你35岁以后的职业生涯，我们至少应该在30岁就确立明确的目标，并利用5年的时间去追赶。

这可能就是我们成长的过程。我们将不再年轻，不再年少轻狂，社会的包容心态更多面向职场新人。可能你多走了一步错路，后面必须要以加倍的努力才能弥补回来。那么，30多岁，我们应该从哪方面提升自己？

提高抗压能力

抗压能力是关键。如果不能承受工作中的压力，那么无论做什么工作，职场道路上都会充满艰难险阻。只有提高自己的抗压能力，才可能越挫越勇。

害怕失败、回避行动，不能成为习惯。如何摆脱受挫失落的情绪，拥有朝目标重新迈进的力量？

首先需要打破"思维定式"。不少人每天大多都是按照自己习惯的、相对固定的思路去考虑问题、分析问题。思维定式并不是先天的，而是后天养成的。打破思维定式，需要拓宽自己的知识面，提高批判性思考的能力，以此摆脱这种思维定式，学会创造性地解决难题。

当我们对自己的思维定式有了解之后，我们该如何锤炼自己的抗压力呢？不妨试试以下几种方法：

第一，用最小行动单元的方式尝试去做一些平时想做而不敢做的事情。比如你想克服自己不敢在公众场合演讲的情况，可以尝试和自己遇到的陌生人说话，而不是去公众场合直接挑战。

第二，不断用"小成就"培养自己的信心。我的习惯是用"成就瓶"记录下自己每天、每周的小成就，时不时地从成就瓶里捞出成就事件看看，给自己内心充充电。

第三，谨防言语上的负面口头禅，学会将挂在嘴边的负面词汇转换成正向的语言。我们称之为"红转绿"。比如红色的语言："因为上级挑剔，所以我工作不开心。"可以将它转绿为："上级挑剔，我需要更加努力，因为这样可以让他无从挑剔，这样可以使我提升更快，可以让他改变对我的态度，让我超越他的标准。"

把语言模式调整了之后，我们的行为自然会发生变化，从而让自己拥有行动上更强大的抗压能力。就像不倒翁那样，很难将你打倒。

心态力

刚开始从事旅游业的时候，有前辈曾告诫我们，成功的路上会遇到很多挫折，每遇到一次，不妨告诉自己：我离成功又近了一步。

在成长的过程中遇到坎坷、磨难、逆境、迷茫都是正常的。无论生活怎样，我们都得继续走下去。深夜痛哭，天亮了，依旧整装出发。一个人遇事的心态，往往会决定他的生活质量、人生境遇、为人处世的方式。保持"橡皮筋式"的心态，有助于我们在人生长河中乘风破浪、披荆斩棘。

什么是"橡皮筋式"的心态？一条好的橡皮筋，弹性大，只要在它的弹性范围之内，随便你拉扯，最后都会恢复原样；一条好的橡皮筋，用途还很广，可以用来扎头发，固定口袋等。

每个人内心都应该有一根橡皮筋。我们可以用这根橡皮筋来衡量自己的格局，调整自己的心态。当我们的心态摆正了、调整好了，很多事情就会迎刃而解了。

好心态是一种力量，更是一种动力，它是我们生活中不可或缺的调节剂，拥有了好心态，才会拥有好的人生，才会不断地拓展生命的厚度，人生之路也会越走越宽、越走越顺。

那要如何保持坚韧的心态呢？

第一，转移注意力。当人的情绪处于低谷时，对任何事情可能都不感兴趣，还容易想不开心的事情。要想摆脱这种情绪，不去想这些问题，就需要转移注意力，我们可以去参加一些娱乐活动、社交活动，也可以去发展自己的兴趣爱好，如看书、收纳、运动等。

第二，多靠近积极向上的人。自己能量不够，就靠朋友来凑。情绪是能够被感染的，如果你身边都是积极向上的人，你也会被他们感染，这是环境的力量。

第三，知足常乐。懂得知足常乐的人，往往情绪更加稳定。因为他们懂得取舍，在情绪产生变化之前，就已经分析了利弊。

30 岁以后的波折，大风大浪不会特意绕过某个人。刻意培养自己的积极心态就显得非常有必要，只要心态不垮，一切问题就都不是事儿。

坚持力

不是因为没有信念而失败，而是因为不能把信念化成行动，并且坚持到底。生活中的任何小事，如果能坚持做下去，就足以影响甚至改变一生。

有人曾说："能登上金字塔顶的只有两种动物，一种是老鹰，一种是蜗牛。"简短的一句话揭示了一个深刻的道理：不仅是有着飞翔本领的老鹰可以成功，凭着坚持不懈精神的蜗牛同样可以成功。不是每个人都有飞翔的天赋，但每个人都可以拥有坚持的力量。成功贵在坚持。

"天才无非是长久坚持。"莫泊桑实践了福楼拜的这句赠言，最终成为世界文坛中一颗璀璨的明星。回想自己走过的冤枉路，就好比到处挖井，井口很多，但都不够深，出不了水。我也是在 36 岁之际，才想明白自己到底要在何处坚持打深那口"井"。

培养自己坚持的能力，可以试试这几种方法。

第一，目标可视化。把自己要实现的目标打印出来，张贴在自己可见的地方。2016 年初到上海发展的一个社群运营专家为了激励自己，专门打印了一张纸贴在自己的书架上"粉丝 50 万"。而他实现这个目标仅仅用了 9 个月不到的时间。

第二，将大目标切分为小目标。一名运动员曾夺得 1984 年和 1987 年的国际马拉松冠军。谈到自己如何能够夺得冠军，他说："在每次比赛之前，我都会提前把比赛的路线全部仔细地走一遍，并且把沿途比较醒目的标志物画下来，比如第一个标志物是银行，第二个标志物是一棵大树，第三个标志物是一座高楼……"只要达成一个个小目标，最终会完成你的大目标。

第三，把过去的失败写在纸上，把纸张撕碎或烧掉，告别过去的不堪，重新出发。尼采说："每一个不曾起舞的日子，都是对生命的辜负。"人生三万多天的日子，看似很长，其实很短。记得提醒自己，别再沉迷于过去，别再自我设限。面对未知的挑战，有时只需我们勇敢向前迈出一步，就会发现我们可以成为更好的自己。

30岁后，倘若没有深耕一项技能，就要去努力。尤其是当今，越来越鼓励那些在专业领域不断做深做精的人，社会越来越注重工匠精神，所以请相信坚持的力量，找个值得深挖的领域，坚持挖下去。

总结

30岁，是人生的分水岭。往后，你不用力向前奔跑，就会被甩下。愿你我都能锻造出"不倒翁式"的抗压能力，只要你不倒，就没人能击倒你；培养"橡皮筋式"的心态力，只要你不垮，就没什么可害怕；深耕"挖井式"的坚持力，只要你不停，就一定能挖出出水的井。

　　所有偷过的懒，都会结出苦涩的果；所有流过的汗，都会开出惊艳的花。30多岁，最好的年华，愿你努力过好每一天，剩下的交给时间，积蓄能量，静待花开。

成年人如何高效学习

随着信息化时代的到来，社会发展瞬息万变。"终身学习"不再只是口号，而是大浪淘沙的时代对成年人的基本要求。高效的学习能力是如何练就的？这要从衡量学习有效性的标准说起。

成年人学习的主要目的既不是为了通过考试，也不是为了拿到证书，而是为了实现自我的成长，或者解决工作生活中的现实问题。成年人学习，首先要摒弃的是：为了学习而学习！不要别人觉得好，你一听就入手。成年人的学习应该要为解决当下某个需要去学。当你带着一个急需解决的问题去寻找答案，得到答案的概率就会大大增加。

而且学习的东西必须是能够被你内化的。什么意思？简单来说，就是要把学到的东西变成自己的，想用时可随时使用。所以，衡量学习有效性的标准就是：你是不是把学到的东西内化了，让它真正变成了你自己的。只有做到这一点，你才算拥有高效的学习力。

可是，如何做到这一点呢？这就需要在学习的三个阶段：输入—处理—输出，下足功夫，使狠劲。除此以外，学习的路径也分为三种：自学、他学、互学。

自学

自学的途径有很多。我们用读书来举例。

一本书，可以很薄，它可能就为解决一个问题而存在，薄到虽然用了很多篇幅，但若你懂得抓重点，也许就几分钟的事儿。因为一本书的核心可能就是一个观点、一个工具甚至就是一句话。

一本书，可以很厚，因为在创作的过程中，作者可能引经据典，也会借鉴很多其他书籍，会阐述很多观点和理论，如果想要进一步去掌握这些内容，我们可以去深挖很多知识点，把一本书看厚。对于常读书的伙伴来说，一本书拿到之后，只要对书中的新名词、新分类、新动作做到掌握，再结合以往知识就基本上能够掌握书籍中的重点内容。

学习是一个寻求增量的过程，不要试图去记住所有书籍或课程的内容，我们的大脑不是"复印机"，学习是解决问题的途径，所以要尝试做个"榨汁机"，去榨取书本中对我们有价值的部分。

　　除此以外成年人的学习，还需要克服的一个难点在于时间。

　　我们可以尝试在工作时间内提升工作效率，至少能够减少工作内容对业余时间的占用。此外，在通勤的路上，那些时间完全可以拿来学习。如果嫌纸质的学习资料太重，各种可听可看的 App 完全可以解决这个烦恼；如果通勤过程中不方便，那至少可以用大脑把前面所学的内容做个思考、总结、复盘……

　　有一名产科医生，是四个孩子的妈妈、名校备考生，她在半年的时间里带着孩子、忙着工作，并考上了名校公共卫生硕士。

　　在学习方法方面，很多研究学习方法的专家都认同：方法千万条，理解第一条！不管使用什么方法，理解学习内容本身是最重要的前提。任何零碎的知识都属于某个知识体系的一部分。人的大脑有自动填补的习惯，把零碎的知识放进完整的体系背景中加以理解，会更有利于加深对知识的理解和记忆。

　　思维导图是非常有效的整理局部和整体关系的思维整理工具、也是非常有效的将知识系统整理归纳的工具。学习前可以通过思维导图了解大概的知识框架、学习完可以通过思维导图把握完整的知识脉络并查漏补缺。

　　另外在记忆的过程中，通过适当联想和想象加工也会有助于知识在大脑中更好地储存。例如在一本书里，作者用一句"喊 ZHAOWEI 去演 QIQIN"，就将战国七雄的灭亡顺序"韩赵魏楚燕齐秦"编成了记忆口诀。

　　所以，在自学的这条路径上，我们一则要想明白学习的目的和目标，二则要做好时间管理的工作，三则不要死读书，而是要掌握好自己习惯的学习方法，将碎片化的知识都装到自己的知识体系当中。

他学

为了进入职场就能尽快获得机会，在大学期间，我就开始泡各种旅游论坛，买城市、景点相关的书籍去整理导游词，为自己能在客户面前侃侃而谈做准备。如我所愿，我是当时一起入职的伙伴中第一个去实操带团的。起初我有点沾沾自喜，觉得自己很厉害，一到公司就能独立带团。而和我一起到公司实习的其他人，在正式上团之前，得先去跟着老导游学习，最后，我发现跟过老导游的同事要比我老练很多。

最初让我先人一步获得带团机会的，确实是因为我大学期间的积累，但是在实操过程中让我深深感受到"纸上学来终觉浅"。因为要真正带好一个团队，导游词的讲解能力在整个接待过程中的重要性占比不会超过 10%。

后来，我想着不能急着带团赚钱而减缓能力的提升，于是向公司申请多跟几个团，向不同风格的前辈多学一学，额外产生的费用由我自己承担。

记得那段时间，每天工作结束，司机、导游都会找个地方吃点东西填填肚子，我也会积极抢着买单。待到他们话匣子打开，就能听到他们分享带团过程中的各种经历。每次这样的分享都让我如身临其境一般，也不禁让我思考，如果我面对那样的情况又该如何处理呢？

就这样，跟过几次团，又和前辈们交流请教后，我学到了很多带团实操的经验和方法。那些经验和方法如果要我自己去悟的话，可能不仅要花费很长时间，还需付出很多金钱的代价。

在向他人学习的过程中，需要保持谦逊的态度，这样你才能有所收获。用学习者的姿态去汲取他人的优点，你的收获和成长将会很快。

如果你想和高手畅通交流，要么你也是高手，要么你交学费给对方。交学费给别人有什么好处？首先，你可以少走很多弯路。其次，在交了学费后，你会更加珍惜这次学习机会。你获得越多，你学习就越努力，你的成长也就越快。

互学

还是说说当年我在做导游期间的经历。当时，我们每年都会在 12 月到 1 月这段华东线淡季的时间，组织全体同事集中进行冬训。不管是在公司工作很多年的老员工，还是初出茅庐的新人，每个人都要准备话题和大家交流。

闻道有先后，术业有专攻。事实证明也确实如此，只要当新人用心去准备某一个课题，他在这个领域就能讲出即便是老员工也不知道的新故事来。

除了理论知识，不同阶段的伙伴会把自己带团的经验总结出一些方法论。方法就像红酒，不仅要品，还要醒一醒，让它的价值挥发出来。同样的方法论，适合男生的，不一定适合女生，适合老员工的，未必适合新员工。如果没有醒一醒就喝，你可能就会觉得这瓶红酒总差了点味道。

　　互学，还有更重要的一点是，我们不仅要向同行高手学习，还要学会跨界学习。当我们对一个领域的知识掌握得越多，越容易陷入刻板的定式，很多时候容易让我们的思考陷入困局。相反，如果这个时候，我们和不同行业、不同领域的伙伴去交流学习，或许能够给我们带来很多意想不到的收获。

　　很多创意性的公司都会设置咖啡角等公共空间，让公司不同部门的员工可以在这里来一场邂逅，从而产生一些思想上的碰撞。

总结

　　"世界的变化越来越快，知识不断更新，拥有多少知识已经不是最核心的竞争力。我们只有不断学习新知识，才能跟上时代的脚步。"

　　深以为然。

　　然而，每天忙于生计，用来学习的时间很少，所以在探讨具体学什么之前，我们可以将精力放在思考如何提升自己的学习能力这件事情上。所谓磨刀不误砍柴工，我们先掌握学习的不同阶段、不同路径，有效利用大脑，再不断改进和优化学习方法，做到高效学习。唯有这样，才能跟上这个快速变化的时代。

致　谢

亲爱的朋友们，写下这本书的最后一页，我内心充满了感激之情。在这个充满挑战的写作旅程中，有许多人一直陪伴着我，给予我无私的支持和帮助。在此，我想送上最诚挚的感谢。

首先，我要感谢我的妻子，感谢我的儿子和女儿，感谢我的家人在我写作过程中给予的理解和支持，他们是我内容创作的灵感源泉，是我书中很多故事的见证者和参与者。他们还是我生命中坚强的后盾，无论我面对多大的困难和挫折，他们都一直在我身边，给我无限的爱和鼓励。有你们，是我的幸运。

虽然我参加了 DISC+ 社群三本合集《终生成长》《一路向前》《逆风飞翔》的创作，但这本书是我的第一本独著，写作过程中遇到的挑战和困难是前所未有的。庆幸的是，我得到了四位伙伴的鼎力支持和帮助，这本书才得以面世。他们是我人生中的重要财富。

陈韵棋，DISC+ 社群华南馆长，《私域流量运营指南——从流量到高利润》作者，也是近二十本合集的主编。她一直提供着宝贵的建议和指导，让我能够不断完善自己的思路和表达方式。她的耐心、细心以及专业的素养，为我的写作之路添砖加瓦。一本书的创作，有诸多流程。对于小白的我，全因有她一步步地悉心指导和专业赋能。

安吉小丽娜，DISC+ 社群 A10 期毕业生，《HR 教你做团队沟通》作者。一个拥有无限能量的人，无论是沟通、营销、运营还是写作方面，她都非常有洞见。在我需要帮助的时候，她总是第一个站出来。她的督促是我按时交稿的动力，她的鼓励让我更加有信心地完成了这本书的创作。在这本书还在创作的过程中，她就已经找我就图书推广做了多次沟通。

彭小六，DISC+ 社群 F35 期毕业生，《洋葱阅读法》《颠覆平庸》等多本畅销书的作者，江湖人称"简书一哥"。他从"拆书专家"和读者的角度为本书的目录提供了很多的建议，而且他也是一个孩子的爸爸，所以在这本书的创作过程中，给了我许多关于写作技巧和经验的分享，让我受益匪浅。

覃芬芬，DISC+ 社群 F47 期毕业生，《跳跃成长》合著作者之一。她是金融营销人才培养导师，也是一位写作高手。她具有专业素养和对写作有独到见解，对我的初稿修改和调整给予了很多的专业意见，还给了许多关于策划、结构和语言表达方面的建议，让我在细节中不断精进。

总之，没有这四位伙伴的支持和帮助，我是无法完成这本书的创作的。在此向他们致以最衷心的感谢！也感谢所有支持我的读者朋友们，你们的支持和关注是对我最大的鼓励和动力！

感谢本书的插画师谢晓慧老师。在收到出版社希望在书籍中加入更多插画以丰富本书内容的想法后，我第一时间联系了她。当时她也正在忙于其他书稿的插画工作，但是对于我的请求，她二话不说，立刻答应。创作过程，恰逢端午假期，晓慧老师一刻也不停歇地为初稿进行调整和优化。感谢晓慧老师精美的插画作品，让本书在阅读的视觉体验上增色不少。

感谢我的好友安吉小丽娜、刀客和碧落。在安吉小丽娜的建议和推动下，完成本书的封面设计，感谢刀客和碧落，将我的想法最终以可视化的形式呈现。

此外，我还要感谢我的朋友们。每次我陷入困境，都能够在你们那里找到鼓励和启发。你们的智慧和友情是我前进的动力。

最后，我要感谢支持我的读者们。写这本书的初衷就是为了分享在实现平衡人生的道路上的一些经验和见解，父亲的角度是一个切入口，我期待和读者伙伴们一起践行平衡人生的理论，活出平衡的状态。感谢你们在这个旅程中的陪伴和支持。

希望这本书能够帮助更多的爸爸找到掌控人生的方法，成为更好的自己。

衷心感谢！

刘　峰

2023 年 9 月